महादेवी

की कविता का नेपथ्य

महादेवी

की कविता का नेपथ्य

विजय बहादुर सिंह

वाणी प्रकाशन

प्रकाशन के उत्कृष्टतम 63 वर्ष

vaniprakashan.com

सजिल्द पहला संस्करण : 2026

वाणी प्रकाशन

4695, 21-ए, दरियागंज, नयी दिल्ली-110 002

फ़ोन : + 91 11 23273167, 23275710

शाखाएँ

अशोक राजपथ, पटना-800 004, बिहार

कॉफ़ी हाउस कैम्पस, महात्मा गांधी मार्ग, प्रयागराज-211 001, उत्तर प्रदेश

महात्मा गांधी अन्तरराष्ट्रीय हिन्दी विश्वविद्यालय, वर्धा-442 001, महाराष्ट्र

sales@vaniprakashan.in
vaniprakashan@gmail.com

Mahadevi Ki Kavita Ka Nepathya
by Vijay Bahadur Singh

ISBN : 978-93-7348-487-7
Criticism

मूल्य ₹ 395

आर. टेक ऑफ़सेट, दिल्ली-110 032 में मुद्रित

वाणी प्रकाशन का लोगो मक़बूल फ़िदा हुसैन की कूची से

यह छोटी-सी किताब

महादेवी पर लिखने की मेरी इच्छा बहुत पुरानी थी। शायद तब से जब से मेरी पहली समीक्षा पुस्तक 'वृहत्त्रयी'-छायावाद के तीनों–प्रसाद, निराला और पन्त–कवियों पर छपकर आयी थी। किसी एक मित्र ने तभी यह सुझाया था कि अगर इसमें महादेवी भी शामिल होतीं तो छायावादियों पर यह एक मुकम्मल किताब होती। 'वृहत्त्रयी' का दूसरा संस्करण 'प्रसाद, निराला और पन्त' नाम से छपा तब भी यह बात मन में आई कि एकाध अध्याय परिशिष्ट के तौर पर महादेवी पर जोड़कर यह काम पूरा कर दूँ, पर हिम्मत इसलिए नहीं हुई कि कोई संगति नहीं बैठ पा रही थी उन तीनों के साथ। महादेवी की भावलीला का संसार ही नहीं, उनकी भावाभिव्यक्ति भी भिन्न ढंग और स्तर की थी। आज भले ही वे छायावाद की 'चतुष्टयी' में मानी जाती हों, किन्तु मैं इस बात से सहमत हूँ कि छायावादियों का सा भाव-विस्फोट और वैसी स्वच्छन्द भाव-लीला उनमें कहीं नहीं है। निराला की बात अगर छोड़ भी दें जिनके अनेक भाव-दिगंत हैं, भाव-स्तर भी, पन्त और प्रसाद जैसा भाव विस्तार और युग-प्रसार महादेवी में नहीं है। इसलिए मैं अपनी इस इच्छा को दबा ही गया। सोचना फिर भी महादेवी को लेकर जारी रहा।

इसी बीच एक घटना हुई। भारत भवन, भोपाल ने खड़ी बोली हिन्दी के कुछ महत्त्वपूर्ण कवियों के काव्य का सांगीतिक पाठ आयोजित किया और छायावादियों के काव्य-गायन के लिए विश्वविख्यात गुंदेचा बन्धुओं को आमन्त्रित किया। गुन्देचा बन्धुओं से मेरे पारिवारिक और आत्मीय रिश्ते हैं। उन्होंने आयोजकों से मेरे नाम का प्रस्ताव कर यह भी जुड़वा दिया, कि उनके गायन के साथ मैं एक आदरणीय बुजुर्ग और संगीतकार की तरह मंच पर बैठूँ और प्रत्येक कवि को प्रस्तुत करने से पूर्व उसकी काव्यगत विरलता और विशिष्टता का आख्यान श्रोताओं की सुविधा के लिए करूँ। पता नहीं क्यों मुझे उनका यह अभिनव प्रयोग बेहद रोमांचक और चुनौतीपूर्ण लगा। इसी सिलसिले में मैं छायावादियों के बीच फिर उतरा और पकी हुई उम्र में

उन्हें नये सिरे से समझने की कोशिश में लग गया। महादेवी भी इस बार मेरे समक्ष सहज भाव से अपने काव्य के साथ उपस्थित रहीं। मैंने उनसे तरह-तरह से संवाद करने और उनके निकट जाकर उनकी भाव-ध्वनियों को तलाशने की कोशिश की।

एकाध साल के इधर-उधर से महादेवी का शताब्दी वर्ष भी चल पड़ा और मुझे उन पर कुछ कहने का सुअवसर सामने आ खड़ा हुआ। महात्मा गांधी अन्तरराष्ट्रीय हिन्दी विश्वविद्यालय, वर्धा ने महादेवी जन्मशती के अवसर पर मुझे उद्घाटन वक्तव्य देने के लिए बुलाया। हिन्दी भवन, भोपाल ने भी एक प्रमुख संगोष्ठी में बीज वक्तव्य देने का सुअवसर दिया। इन दोनों ही जगहों पर मेरे समय के कई अन्य जाने-माने विद्वान् और समीक्षक थे। मैंने पाया कि मेरी सोच महादेवी को लेकर एकदम निराधार नहीं है और महादेवी को देखने और समझने का यह भी एक पक्ष हो सकता है। इसी बात ने मुझमें यह विश्वास जगाया कि मैं महादेवी से संवाद कर सकता हूँ।

मेरे गुरुदेव आचार्य नन्ददुलारे वाजपेयी—जिन्हें छायावाद का प्रतिष्ठापक आलोचक माना जाता है—प्राय: यह कहा करते थे कि किसी भी कवि या लेखक के पास विचारधारा या आन्दोलन का आग्रह लेकर जाना बहुत उचित नहीं। ये बातें कालान्तर में प्राय: झड़ जाया करती हैं और रह जाती है सिर्फ़ रचना। रचना से उनका आशय कवि या लेखक के उस कृतित्व से था जो विचारधाराओं के ओझल हो जाने या फिर आन्दोलनों के नि:शेष हो जाने पर भी कभी धूमिल नहीं पड़ता। महादेवी को नये सिरे से पढ़ते हुए मन में यही बात प्रमुखता से रही।

पुस्तक में यद्यपि छायावाद को लेकर भी कुछेक बातें हैं, तथापि मुख्य बल महादेवी की प्रतिभा की विशिष्टता और उनके सृजन संसार की अद्वितीयता की खोज को लेकर है। 1915-16 में जो काव्य-विस्फोट छायावादियों के मार्फ़त घटित हुआ था, 1930 के आसपास उसने स्वयं अपने तटबन्ध निर्मित करने शुरू कर दिए थे। महादेवी की कविता भावनाओं के इसी तटबन्ध की सुचिंतित शुरुआत है। उन दिनों के अन्य जाने-माने बच्चन, अंचल, नरेन्द्र शर्मा और दिनकर जैसे कवियों को याद करें तो ये सब छायावादियों से अलग और किंचित् भाव-विलग दिखते हैं। सामूहिक भावों की जो सांस्कृतिक आभा महान् छायावादियों के यहाँ हैं, जैसे दार्शनिक उच्चाशय हैं, या फिर गहरी स्वाधीनता की माँग और प्रबल मुक्ति की युगान्तकारी आकांक्षा है, वह इन परवर्तियों में लगभग अनुपस्थित हो उठी है। निस्संदेह इनकी कविता अपने समय के सुपठ समाज के प्रति अधिक उन्मुख और संवादमयी है किन्तु वैसा भाव-गाम्भीर्य और अर्थ—गौरव तो इसमें कदापि नहीं, जैसा छायावादियों के यहाँ है।

महादेवी की कविता इन दोनों के बीच मुझे एक महान् काव्य-युग के समापन और नयी काव्य-चेतना की शुरुआत की चीज़ लगती है। हिन्दी कविता जैसे उदात्त आत्म और विश्वात्म से विरत हो आत्म और विश्वात्म के वैयक्तिक सम्बन्धों की छानबीन में लग गयी हो। कविता की वह आध्यात्मिकता, जिसमें गम्भीर कालातिक्रमगामिता थी, उन्मुक्त आत्मप्रसार था–एक कर दे पृथ्वी-आकाशवाला–सहसा मैं और तुम में सिमटने लगी। भौतिक अथवा लौकिक अनुभवों को पारलौकिक संस्पर्श देने के बदले आध्यात्मिक अनुभवों को भौतिक धरातलों पर उतार लाने की चेष्टाएँ शुरू की गयीं। यह बात सिर्फ़ महादेवी में नहीं है, 'मधुशाला' के कवि बच्चन में भी देखी जा सकती है। 'इस पार प्रिये तुम हो, मधु है, उस पार न जाने क्या होगा' में जीवन और जगत् के अनेक खूबसूरत आग्रह कौंध रहे हैं। महादेवी जब कहती हैं–'प्रियतम को भाता है तम के परदे में आना' तब सहसा मुझे निराला की अनेक महान् कृतियाँ याद आने लगती हैं जिनकी दिशा तमसू से ज्योतिर्मयता की ओर है। अन्धकार से प्रकाश की यात्रा के विपरीत महादेवी की कविता एक ऐसे अन्धकार की सृष्टि करती है जिसमें मिलन सम्भव हो सके। छायावादियों का अन्धकार सांस्कृतिक और ऐतिहासिक है, महादेवी का आलंकारिक और भौतिक।

महादेवी पर लिखते हुए मैं कभी यह भूल नहीं सका कि वे उसी गांधी युग की कवयित्री हैं, जो महान् आदर्शों से संचालित है, या फिर राष्ट्रीय आन्दोलन द्वारा प्रवर्तित राजनीतिक सपनों से। उनकी प्रिय सखी सुभद्राकुमारी चौहान तभी तो सहज भाव से उस ओर चली गयीं। महादेवी अगर नहीं गयीं तो इसके कारण उनके व्यक्तित्व के अन्तर्निहित तत्वों में कहीं होंगे। पुस्तक में मैंने इन तत्त्वों को समझने की एक कोशिश की है।

यह भी याद करने की ज़रूरत है कि महादेवी भी गद्य की ओर जाती हैं, सुभद्रा जी भी। सुभद्रा जी कहानियाँ लिखती हैं और महादेवी जी व्यक्ति चित्र और संस्मरण। सुभद्रा जी की कहानियाँ राष्ट्रीय आन्दोलन की प्रतिवाणी हैं। महादेवी जी की चिन्ताओं के केन्द्र में आम आदमी का वह जीवन-संघर्ष और अनथक जीवट, जिसे सबसे अधिक भारत की स्त्री प्रदर्शित करती रही है। सुभद्रा जी के लेखन का मूल्यांकन राष्ट्रीय आन्दोलन की पृष्ठभूमि के बग़ैर अधूरा होगा, पर महादेवी के लिए इसकी शायद ही कोई ज़रूरत पड़े। वे एक ऐसा अनुभव-लोक रचती हैं, जिसकी रचना में सनातन भारतीय जीवन का विषादमय यथार्थ गूँज रहा है। इसलिए यह पीड़ा अकेले महादेवी की नहीं, सीता, शकुन्तला और द्रौपदी की भी है। उस ऐतिहासिक निष्कासन की भी, जिसे भारत की स्त्री ने इन महान् चरित्रों के नाम से हमेशा झेला

है। झेलती आयीं और रही हैं। महादेवी की कविता में इस गहरे विषाद की सघन परछाइयाँ रहस्यात्मक शैली में विद्यमान हैं।

स्वयं को बुनियादी तौर पर सर्वांशतः निचोड़कर अन्ततः महादेवी ने अपनी कविता को एक अलौकिक पारम्परिक प्रतीक 'दीपक' के हवाले कर दिया है। 'यामा' में वे शाम से सुबह की यात्रा सम्पन्न कर चुकने के बाद फिर से उसी अन्धकार में लौटती हैं जिसमें उनकी सिद्ध चेतना का दीप प्रदीप्त और प्रकाशमान हो उठा है। कहते हैं, रूपक से रूपकातिशयोक्ति और भाव-चित्र से या फिर उपमा से प्रतीक की ओर की यात्रा कविता के उत्कर्ष की यात्रा होती है। महादेवी ने इस यात्रा को जिस अविचलता और धैर्य से सम्पन्न किया है, वह लाजवाब है। इसमें हम समूची जातीय काव्य-परम्परा की ध्वनियों-अन्तर्ध्वनियों की आहटों के साथ अपने युग का वह करुण संगीत भी सुन सकते हैं जिसमें पीड़ा-बोध तो खूब हैं, किन्तु कायर पलायन किंचित् भी नहीं। महादेवी वस्तुतः उसी अपराजित हृदय से हमें यहाँ मिलती हैं, जिसका अनुमान सदियों से किया जाता रहा हैं।

मेरी यह छोटी-सी कोशिश इन्हीं बातों को लेकर है। एक कवि को उसके शब्द से पकड़ा जाये, अर्थ से समझाया जाये या फिर उसकी भाव–चेतना से–मेरे सामने यही प्रश्न प्रमुख रहा है। कविता कवि के भाव पुरुषार्थ की ही कमाई है तथापि वह किसी उन्मत्त प्रलापी और भावोन्मादी का कर्म नहीं है। लोकप्रदत्त सम्बन्धों और उनके खूबसूरत अन्तर्संवादों की अभिव्यक्ति है। महादेवी के यहाँ यह संवाद किस रूप में अभिव्यक्त हो सका है, इसी को समझने की यह एक विनम्र कोशिश है।

—विजय बहादुर सिंह

पुनश्च : मैं महात्मा गांधी अन्तरराष्ट्रीय हिन्दी विश्वविद्यालय, वर्धा हिन्दी भवन, भोपाल और अपने प्रिय मित्र गायकों रमाकान्त-उमाकान्त गुन्देचा का आभारी हूँ जो इस सोच के प्रेरक बने। मैं वाणी प्रकाशन नयी दिल्ली के स्वामी अरुण माहेश्वरी के प्रति भी आभारी हूँ जो इसे प्रकाशित कर रहे हैं।

15 अगस्त, 2022

निरालानगर, भोपाल, 3

—वि.ब. सिंह

09425030392

अनुक्रम

आँसुओं की हाट में खड़ीं महादेवी

महादेवी का कवि व्यक्तित्व सामने आता है तो तीन-चार सवाल एक साथ आ खड़े होते हैं। पहला तो यही कि क्या महादेवी सचमुच रहस्यवादी कवयित्री हैं और उन्हें कबीर या जायसी की परम्परा में देखा जा सकता है। दूसरा यह कि छायावादियों, ख़ास तौर से निराला और पन्त से उनकी प्रतिभागत निकटता कितनी है? यह भी कि मूल छायावाद के अन्तर्गत वे आती भी हैं या नहीं। या वे तीनों–वृहत्त्रयी–से काफ़ी दूर और अलग हैं?

तीसरा सवाल मेरे मन में यह उठा ही करता है कि वे बौद्धों के दुखवाद को अपनी काव्य-भूमि मानती हैं या उपनिषदों के अद्वैतवाद और आर्यों के आनन्दवाद को? अथवा वे इन दोनों का एक ख़ास प्रकार का घोल बनाती हैं जिसमें बिछोह की पीड़ा का स्वरूप तो अद्वैतवादियों जैसा है किन्तु उसकी अभिव्यक्ति का चरित्र बौद्धों जैसा है।

यह भी कि पीड़ा उन्हें इतनी प्रीतिकर और सुखकर क्यों लगा करती है जबकि अपनी कविताओं में वे प्राय: मिलनोत्कण्ठित और उसकी विकल आकांक्षाओं से आन्दोलित-सी हैं? कहीं यह अनुभवों की असफलता में 'दर्द बन जाता है दवा हद से गुजरने के बाद' जैसा अनुभव वितान तो नहीं है? आख़िर महादेवी की मानसिक उलझनों का यह खेल इतना अन्तर्विरोधी और लीलामय क्यों है? पीड़ा या वेदना का उनका स्वरूप अभाव-बोध में क्यों है? महादेवी इस अभाव-बोध में इतना रस क्यों लेती हैं? यह भी सोचता रहता हूँ कि अपने जमाने की कल्पित नारी-चरित्रों यशोधरा, श्रद्धा और इड़ा की तुलना में सचमुच की नारी महादेवी का भाव-बोध इतना अन्तर्मुख और एकांगी क्यों है?

ऐसा भी नहीं कि महादेवी में पुरुष की चाह न हो। ऐसा भी नहीं कि वे उसे नकारती हों कभी। जो पुरुष उनके यहाँ है, वह अधिक समर्थ, शक्तिसम्पन्न और

चित्ताकर्षक है। महादेवी उसको लेकर सपने भी खूब सजाती हैं–'मैं पलकों में पाल रही हूँ यह सपना सुकुमार किसी का। सपने ही नहीं सजातीं, उसके लिए स्वयं को तैयार करती हुई वे समूची पृथ्वी को जैसे उसके स्वागत में अपने साथ तैयार करती दिखाई देती हैं। 'तारकमय नव वेणी बन्धन शीस फूल...' आदि पंक्तियाँ इस सन्दर्भ में याद आकर ही रहती हैं।

इतना ही क्यों? 'बीन भी हूँ मैं तुम्हारी रागिनी भी हूँ' में जैसी अनन्यता और अन्तरंगता वे रेखांकित करती हैं। उसका समापन उनकी कुछ अन्य पंक्तियों से इस तरह होता है–'तेरा अधर विचुंबित प्याला/तेरा ही मानस मधुशाला/फिर पूछूँ क्यों मेरे साकी/देते हो मधुमय विषमय क्या?/तुम मुझमें प्रिय फिर परिचय क्या?'

अब अगर महादेवी से कोई पूछे कि 'मैं विरह में चिर हूँ' का सन्दर्भ क्या है, तो वे पता नहीं कैसा जवाब देंगी। क्या यह कि वह भावनात्मक तौर पर उनके गहरे अनुभवों का हिस्सा तो है, किन्तु वास्तविकता कुछ और ही है। वह उससे काफ़ी दूर भी है–'दूर तुमसे हूँ अखण्ड सुहागिनी भी हूँ।' स्त्री-विमर्श के इन दिनों में महादेवी की ये पंक्तियाँ सच्चाइयों की कई विलक्षण तस्वीरों का बयान करती हैं या फिर ये कोरी औपचारिक पंक्तियाँ हैं, उनकी कई अन्य चमकीली पंक्तियों की तरह।

कामायनी की श्रद्धा या इड़ा की तरह पुरुष की सत्ता के सन्दर्भ में महादेवी क्यों अपना वर्चस्व रेखांकित और स्थापित करने की पहल करती कभी दिखाई नहीं देतीं? क्यों वे घूम-फिरकर अन्ततः पुरुष सत्ता के प्रति अपने समर्पण-भाव को ही जब-तब रेखांकित करती हैं? यह एक सवाल है, जो 'दुखव्रती निर्माण उन्मद ये अमरता नापते पग, मैं लगाती चल रही नित, आँसुओं की हाट और चिनगारियों का एक मेला' वाली कवयित्री को लेकर बार-बार उठता है?

निस्सन्देह ये महादेवी की महान काव्य पंक्तियाँ हैं जिनमें तीव्र भावावेगों को जाने-पहचाने लोक-बिम्बों के बल पर व्यक्त किया गया है। आँसुओं के साथ 'हाट' और चिनगारियों के साथ 'मेला' का बिम्ब जुटाकर महादेवी ने दुखों से फूटतीं चिनगारियों का जो रोमांचकारी संयोग रचा है, वह उनकी समझौतापरस्ती नहीं, संघर्षजीविता की ही मिसाल है। तथापि वे 'प्रियतम' पुरुष को शायद ही कभी नकार सकी हों या उसकी सत्ता को अपनी सत्ता से वैचारिक अथवा भावनात्मक स्तर पर कमतर साबित कर सकी हों–जैसा कि श्रद्धा और इड़ा कर पाती हैं। महादेवी में यशोधरा जैसा आत्माभिमान भी कहाँ है? हाँ, आत्मविश्वास उनमें ज़रूर है। यह भी सच है कि उनकी आँखों में कुछ कम पानी नहीं है, किन्तु यशोधरा जैसा आँचल तो उनकी कविता में कदापि नहीं है, जिसमें 'दूध' भी हो। उनकी काव्य-स्त्री मातृत्व के बोध से शून्य है।

यह भी कि उनके यहाँ स्त्री-पुरुष के आकर्षण और मधुर सम्बन्धों का चित्रण सिर्फ़ स्त्री-पुरुष के रूप में ही है। ये दोनों पता नहीं किसी भौतिक-सामाजिक इकाई के हिस्से हैं भी या नहीं? उनकी कविता इस दायरे से बाहर शायद नहीं ही जाती। इस रूप में वह उस छायावादी कविता से काफ़ी भिन्न है, जहाँ स्त्री-पुरुष सम्बन्धों को सामाजिक और सांस्कृतिक परिप्रेक्ष्य और व्यापक आधार मिला हुआ है। विपरीत इसके उनके यहाँ विकट ऐकांतिकता और आत्मग्रस्तता है। ऐसा एक अहं बोध भी जो अज्ञेय आदि कवियों के लिए आगमन के द्वार खोलता लगता है।

यह तब भी नहीं कहा जा सकता कि बच्चन आदि कवियों की तरह महादेवी प्रेम और प्रणय की साफ़-सुथरी कविता हमें देती हैं। न ही *आँसू* वाले प्रसाद जैसी कविता। फिर भी उनकी साज-सज्जा का आलम *आँसू* की नायिका से कहीं कम नहीं है। वह उतना ही ठोस और मूर्त है जितना कि *आँसू* की नायिका का।

आँसू काव्य पर भी कुछ आलोचकों ने रहस्य का मुलम्मा चढ़ाया है। यह शायद उन दिनों की आलोचना और साहित्यिक-विवेक की नियति हो। पर ऐसे भी आलोचक हैं जिन्होंने *आँसू* को मानवीय विरह का काव्य कहा और अलौकिक मानने से साफ़ इनकार कर दिया। महादेवी को लेकर यह बात पूरे विश्वास से नहीं कही जा सकती। पर यह तो सोचा ही जा सकता है कि रहस्य के पथ पर चलकर वे पाना क्या चाहती हैं? क्या कोई ऐसी इष्ट-सिद्धि जिसे कबीर-मीरा वग़ैरह चाहते थे या फिर रहस्य उनके लिए एक ऐसा सुरक्षा-कैप्सूल है जिसमें उनकी भावनाएँ अपना लीला-विलास कर सकती हैं? मुझे यह इसलिए भी और ज़्यादा सही लगता है कि महादेवी के यहाँ अध्यात्म का वह संवेदन नहीं है जिसमें किसी खास साधना पद्धति या धर्म-भावना का चेहरा पहचाना जा सके। विपरीत इसके एक ऐसी रहस्य-शैली ज़रूर है जिसका उपयोग वह अपनी मनोलीलाओं के लिए करती दिखाई देती हैं। यह शायद उनके लिए किसी शरण की तरह हो। एक ऐसी शरण जहाँ वे अपनी अतृप्ति को तृप्ति में—क्षतिपूर्ति के सिद्धान्त के अनुसार—बदल सकें।

यह प्रश्न भी उठता है कि क्या महादेवी के रहस्यवाद का कोई सामाजिक परिप्रेक्ष्य है। या फिर वह स्वयं से स्वयं का खेल है जिसमें किसी तीसरे का कोई साझा नहीं। अगर है तो उस प्रकृति का जो उनके अपने बुलावों पर सहयोगिनी की तरह प्राय: आ खड़ी होती है।

सच है, प्रकृति कई स्तरों पर उनका साथ देती है। वह उनके तमाम मनोभावों का प्रतिबिम्बन करती है। उनके अनुभव-संकेतों को मूर्त करने की सक्षमता प्रदर्शित करती हैं। यहाँ तक कि उनके अन्तर्निहित स्वरूप को ताक़तवर कल्पनाओं की

सटीकता के साथ सामने लाती हैं। 'मैं नीर भरी दुख की बदली' में 'नीर भरी बदली' तो ठीक है पर 'दुख की बदली' तो वह सिर्फ़ महादेवी के चलते है सामान्यत: वह बरसकर ही चरितार्थता प्राप्त करती है। फिर महादेवी का यह कहना कि 'उमड़ी कल थी मिट आज चली' कहाँ तक संगत है? इससे क्या यह समझा जाये कि महादेवी यहाँ अद्वैत दर्शन के बदले बौद्धों के दुखवाद को रेखांकित कर रही हैं? तब उनसे यह भी पूछना होगा कि बौद्धों का दुखवाद अगर एक सत्य है तो उन्हीं का दुख से निवारण का उपाय महादेवी के यहाँ क्यों अनुपस्थित है? यह भी एक प्रश्न उठता है कि क्या महादेवी किसी बौद्ध-रहस्यवाद की रचना कर रही हैं? या फिर यह कि परम्परागत रहस्यवादियों की तरह वे उस विरह का चित्रण कर रही हैं जो विराट या मूल से अलगाव के कारण घटित हुआ है?

क्या महादेवी का काव्य एक साथ दो-दो दार्शनिक आधारों पर अपनी अनुभूतियों का महल खड़ा करता है? एक तरफ़ बौद्धों का दुखवाद और अनात्मवाद तो दूसरी तरफ़ उपनिषदों का आत्मवाद और ज्ञानवाद। इन दोनों को महादेवी मिलाती कैसे होंगी? क्या इन दोनों का मिलान सहज सम्भव है? या फिर वे एक दार्शनिक कॉकटेल खड़ा करती हैं, जिसका उनके लिए अपना मज़ा है? तो क्या हम इसे विचारों की अराजकता कहें या फिर एक छायावादी कवि की निरंकुशता या फिर लक्ष्य-शून्यता और भाव-विलास मात्र?

हिन्दी साहित्य का इतिहास में महादेवी वर्मा पर लिखते हुए आचार्य रामचन्द्र शुक्ल लिखते हैं कि 'महादेवी जी ही रहस्यवाद के भीतर रही हैं। उस अज्ञात प्रियतम के लिए वेदना ही इसके हृदय का भाव केन्द्र है जिससे अनेक प्रकार की भावनाएँ, छूट-छूटकर झलक मारती रहती हैं।...इस वेदना को लेकर इन्होंने हृदय की ऐसी अनुभूतियाँ सामने रखी हैं जो लोकोत्तर हैं।' इसके बाद शुक्ल जी का वाक्य है–'कहाँ तक वे वास्तविक अनुभूतियाँ हैं और कहाँ तक अनुभूतियों की रमणीय कल्पना है, यह नहीं कहा जा सकता।' आगे एक टुकड़े में वे यह भी लिखे बग़ैर मानते नहीं कि महादेवी को 'पीड़ा का चस्का-सा' है। तब भी वे जब छायावाद की व्याख्या दो स्तरों पर करते हुए पहले स्तर पर उसका अर्थ 'रहस्यवाद' और दूसरे स्तर पर काव्य-शैली या पद्धति-विशेष मानते हैं तब यह कहना नहीं भूलते कि 'छायावाद' का...मूल अर्थ लेकर तो हिन्दी काव्य-क्षेत्र में चलने वाली श्री महादेवी वर्मा ही हैं।

शुक्ल जी के महादेवी वर्मा सम्बन्धी इन कथनों को देखकर यह भाँप सकना कठिन नहीं रह जाता कि वे महादेवी के काव्य को लेकर कितने असमंजसों में हैं। फिर भी उनकी विरहानुभूतियों के सौन्दर्य को तो वे नज़रन्दाज़ नहीं करते। विरह यों

भी हिन्दी कविता का एक प्रमुख भाव-क्षेत्र रहा है। वह सूर में भी है। मीरा में तो हैं ही। घनानन्द और प्रसाद के आँसुओं में है तो यशोधरा और उर्मिला में भी। इसलिए विरह की लौकिकता या अलौकिकता, शुक्ल जी के शब्दों में लोकोत्तरता का विवाद ही बच रहता है।

महादेवी का समूचा काव्य एक यह सवाल भी खड़ा करता है कि वह शुरू से अन्त तक संगीतपरक और तुकान्त छन्दात्मकता लिए हुए है। मुक्त छन्द की ओर अपने परवर्ती दिनों में बच्चन तो गये, लेकिन महादेवी ने कविता की उस मुक्ति या स्वाधीनता में यक़ीन नहीं किया जिसका दावा मुक्त छन्द के प्रवर्तक निराला *जुही की कली* जैसी अपनी प्रारम्भिक कविता के मार्फ़त करते हैं। बाद में प्रसाद ने *प्रलय की छाया, शेरसिंह का शस्त्र समर्पण* और *पेशोला की प्रतिध्वनि* में मुक्त छन्द की राह ज़रूर पकड़ी। किन्तु महादेवी जीवन भर इस मुक्त छन्द की ओर नहीं गयीं जो छायावाद का ऐतिहासिक आविष्कार था, क्यों? क्या वह उन्हें अपने लिए असुविधाकारक जान पड़ता था?

कहीं इसलिए तो नहीं कि वे मानसिक तौर पर यह मानती रहीं कि स्त्री-भावनाओं के लिए अभी इतनी मुक्ति सहज स्वाभाविक नहीं। किन्तु क्यों जबकि उनके पूर्ववर्ती छायावादी अत्यन्त उन्मुक्त और स्वच्छन्द हैं। नवगति, नवलय, ताल-छन्द नव ही नहीं, *जुही की कली* की नायिका प्रिय के आगमन के त्यौहार को बराबरी के उल्लास से मनाती है। महादेवी तब इस मुक्तता से घबराती क्यों हैं?

तब भी महादेवी के यहाँ त्यौहारों के मनाए जाने के प्रसंग कम नहीं हैं–

रज में शूलों का मृदु चुम्बन
नभ में मेघों का आमन्त्रण
...
पुतली ने आकाश चुराया
उर ने विद्युत-लोक छिपाया
अंगराग-सी है अंगों में
सीमाहीन उसी की छाया
अपने तन पर भाता है अलि जाने क्यों शृंगार किसी का!

यहीं वे उस रहस्य को खोलती हुई-सी लगती हैं–

बनता है इतिहास मिलन का
प्यास भरे अभिसार अकथ में!

मेरे प्रति पग पर बसता जाता सूना संसार किसी का। अगर इस 'सूने संसार' की खोज की जाये तो हम सचमुच कहाँ पहुँचेंगे? पुरुष छायावादी कवि इस सूनेपन को भरने की उत्कटताओं से भरे हुए हैं। स्त्री छायावादी अकथ अभिसार की प्यास को अपने जीवन का सार मानकर चल रही है।

यह भी कि महादेवी में निस्सन्देह स्त्रियोचित आत्मसमर्पण है। किन्तु उसका लक्ष्य रहस्यात्मक व्यक्तित्व है। कोई इसे मधुरतम तो कोई सगुण मधुर और रहस्यपूर्ण कहता है। इस रूप में अगर वे रहस्यवादी हैं तो यह असम्भव भी नहीं? पर उनके पाठक उन्हें पढ़कर शायद उस रहस्य-व्यक्तित्व के प्रति उतने उन्मुख नहीं होते जितने कि वे एक खोई हुई और अपने को छिपाती हुई महादेवी की खोज में निकल पड़ते हैं। उनके पाठकों की अभिरुचि उस मधुरतम व्यक्ति में कम, विरहिणी महादेवी में कहीं अधिक दिखाई देने लगती है।

वेदना को अपने पथिक का न्यास कहने वाली महादेवी अपने गीतों की तुलना विहग के गीतों से करती हैं–'सो रहे उर-नीड़ में मृदु पंख सुख-दुख के समेटे' हृदय के नीड़ में सुख और दुख के कोमल पंखों को समेटे से सो रहे ये गीत अब सघन स्मृति के नहीं, सघन विस्मृति के गीत हैं। तिमिर सागर से धुले हुए, किन्तु दिशा और कूल से अनजान। वियोग की ऐसी दिव्य अनुभूति जो सिर्फ़ अभिजात बौद्धिकों के ही काम आ सकती है। महादेवी इसे मंज़ूर भी करती हैं। वे मानती हैं कि सामान्य जन के बीच साहित्य का प्रवेश कल्पना की वस्तु है। वह समाज, हृदय की बात समझता है पर व्यक्ति के माध्यम से। धर्म के माध्यम से उसने जो प्राचीन पद-साहित्य ग्रहण कर लिया है, वह भी काव्य की दृष्टि से कभी पढ़ा-समझा नहीं जाता। उस धरातल पर अर्थ का प्रश्न कैसा सर्वग्रासी बन चुका है, यह कहने की आवश्यकता नहीं। ऐसे समाज में काव्य पहुँचाने से अधिक महत्त्व का प्रश्न मनुष्य पहुँचाना है जो अपनी सहज संवेदना से उनके हृदय तक पहुँचकर बुद्धि की खोज-ख़बर ले सके... यही महादेवी यह भी लिखती हैं कि 'कलाकार सब तक पहुँच सके यह एक उजले भविष्य का सुन्दर स्वप्न है। इस अन्धकार के युग में तो सब अपने-अपने पथ पर अकेले ही चल रहे हैं, अतः अपने चलने की सीमा नापने के लिए स्मृति चिह्न छोड़ना आवश्यक हो जाता है।'

महादेवी के गीत तब क्या उनके असफल प्रणयों के स्मृति चिह्न मात्र हैं? क्या वे अपने विश्वासों की मन्जूषा के रूप में इन्हें रचतीं और बचाये रखना चाहती हैं। सो भी इसलिए कि यहाँ उन्होंने तिल-तिल मिटकर कण-कण को बनाया है और इस

तरह उस जीवन का मूल्य चुकाया है जो समूची शक्ति और सामर्थ्य के साथ अपने संघर्षों के बीच निष्कंप रहा है।

यह क्या एक ऐसी काव्य-लौ है जो किसी भी झंझावात में बुझेगी नहीं? जल-जलकर हमेशा यह याद भी दिलाती रहेगी कि–'शम्मां हर रंग में जलती है...सहर होने तक...'

छायावाद से असहमत महादेवी

यह क्या एक विलक्षण ऐतिहासिक काव्य-तथ्य नहीं है कि जिस बीसवीं सदी के दूसरे दशक में कविता की मुक्ति के लिए, मुक्त छन्द की राह चुनी गयी, यहाँ तक कि आविष्कारक सूर्यकान्त त्रिपाठी 'निराला' के अलावा उनके वरिष्ठ जयशंकर प्रसाद और साथी सुमित्रानन्दन पन्त भी देर-सवेर एक हद तक उस राह गये, वहीं बीसवीं सदी के लगभग चौथे दशक से अपनी काव्य-यात्रा की शुरुआत करने वाली महादेवी वर्मा ने उस ओर आँख उठाकर देखा तक नहीं। इसका क्या कारण हो सकता है?

क्या हम यह मान लें कि महादेवी, स्त्री होने के नाते, अवगुण्ठन-प्रिय थीं और भावनाओं की उन्मुक्ति को अपने लिए श्रेयकारी मानने के लिए तैयार नहीं थीं? जिस बीसवीं शताब्दी के उन्हीं दशकों में गांधी असहयोग का आन्दोलन लेकर आये, स्वदेशी को भारतीयता का पर्याय घोषित किया, विदेशी सामानों और विचारों की होली जलवाई, निराला ने मुक्त छन्द को भारतीय कविता का पारम्परिक जातीय छन्द कहा–यह भी कि हिन्दी कविता की मुक्ति के लिए बँधे-बँधाए तुकान्त छन्दों से कविता की मुक्ति ज़रूरी है–उन्हीं दशकों के अगल-बगल अपना काव्यारम्भ करती महादेवी ने क्यों इसे अपनी रचनाशीलता के लिए मंज़ूर नहीं किया?

एक और कोण से विचार करें तो महादेवी उस वृहत्तर छायावाद की तरफ़ भी नहीं गयीं जिसे एक अभूतपूर्व काव्य-आन्दोलन के रूप में प्रसाद, निराला और पन्त ने अपनी युगान्तरकारी प्रतिभा के बल पर खड़ा किया था। यह वह छायावाद था जिसमें भावनाओं का जबर्दस्त विस्फोट था, चेतना की अछोर उमंगें थीं, धरती और आकाश को एक कर डालने वाली आकुलता थी। मनुष्य, प्रकृति, जड़-चेतन, अपनी-अपनी सहज प्रकृति और गति में जहाँ एक साथ खड़े थे। कविता में एक नये ढंग की सामाजिकता का उदय हो रहा था जिसमें प्रकृति तो अपनी सहज स्वच्छन्दता

में थी ही, स्त्री भी देवी, माँ, सहचरी, प्राण बन बराबरी से खड़ी थी। अब वह केवल अबला नहीं रह गयी थी। पुरुष वर्चस्वी परम्परागत समाज के ऊबड़-खाबड़ पहाड़ी प्रवाह को पार करती हुई, उसके जीवन का *पीयूष स्रोत* बन चुकी थी। ये वही दिन थे जब भारतीय स्त्री पुरुष से यह प्रश्न कर रही थी-'अकेले तुम कैसे असहाय, यजन कर सकते, तुच्छ विचार।' संस्कृति की रचना अकेले तो किसी भी रूप में सम्भव नहीं। और इसे चरितार्थ कर रहे थे गांधी, अपनी जीवनसंगिनी कस्तूरबा के साथ। दक्षिण अफ्रीका से ही वे कस्तूरबा से लड़ते-झगड़ते, कभी-कभी तो हिंसक ढंग से उन्हें प्रताड़ित करते हुए भी उन्हें बलात् उस पथ पर खींच लाया करते थे जिन पर आ खड़ी होने वाली कस्तूरबा अनेक हिचकिचाहटों से भरी थीं। यह स्वाधीनता और मानव गरिमा की खोज की संस्कृति थी। छायावाद ने भारतीय स्त्री को जिन अनेक रूपों और भूमिकाओं में गौरवान्वित और महिमामण्डित किया था, महादेवी अपनी कविता में उस ओर क्यों नहीं गयीं, यह एक बड़ा सवाल है? क्यों वह एक और स्त्री रचती रहीं?

इस सामाजिक-राजनीतिक, कहिए सांस्कृतिक प्रश्न के अलावा एक साहित्यिक सवाल भी इस शताब्दी-वर्ष में खड़ा है कि जिस *रहस्यवाद* को आचार्य रामचन्द्र शुक्ल लगभग भाव-पाखण्ड कहकर 1928-29 में ही ख़ारिज कर रहे थे, महादेवी ने क्यों ठीक उन्हीं दिनों अपने कवि के लिए वही राह चुनी?

काव्य में रहस्यवाद वाले अपने बहुविवादास्पद महालेख में, मेरी स्टर्जन की पुस्तक *स्टडीज़ ऑफ़ कन्टेंपोरेरी (Contemporary) पोयट्स* के हवाले से उन्होंने यह कहना चाहा है कि रहस्यवाद निम्नकोटि की पाखण्डपूर्ण कविता है। इसके बाद वे जो कुछ लिखते हैं, वह उन्हीं के शब्दों में गौर करने लायक है–'रहस्यवाद की कविताओं में सबसे अधिक विरक्तिजनक दो बातें होती हैं–भावों में सच्चाई का अभाव (Insincerity) और व्यंजना की कृत्रिमता (Artificiality)।' शुक्ल जी का आगे का वाक्य और भी तीखा, रहस्यवादियों के सन्दर्भ में लगभग विध्वंसक है। वे कहते हैं–'उनमें व्यंजित अधिकांश भावों को कोई हृदय के सच्चे भाव नहीं कह सकता। अत: उनकी व्यंजना की उछल-कूद भी एक भद्दी नकल-सी जान पड़ती है। भावों की झूठी नकल का पता जल्दी लग जाता है।' उनके अनुसार, 'कुछ लोग बिना किसी प्रकार की अनुभूति के यों ही रसज्ञ समझे जाने के लिए ही' ऐसी कविताओं को सुनकर 'वाह, वाह' कर दिया करते हैं। इस प्रकार के लोग सब दिन रहे और रहेंगे। शुक्ल जी का कलात्मक क्षोभ यहीं थमा नहीं, उन्होंने आगे भी लिखा–'ऐसे ही लोगों के लिए उर्दू के एक पुराने शायर–शायद नासिख–ने कुछ ऊटपटाँग शेर

बना रखे थे। जो उनके पास शेर सुनने की इच्छा से जाता था, उसे पहले वे ही शेर वे सुनाते थे। यदि सुनने वाला 'वाह, वाह' कहने लगता तो वे जान लेते थे कि वह मूर्ख है और उठकर चले जाते थे।'

सार रूप में कहें तो शुक्ल जी इसे 'स्वाभाविक भाव-पद्धति' मानने को तैयार नहीं थे, जबकि भारतीय भक्ति काव्य उनके अनुसार, 'स्वाभाविक और वास्तविक पद्धति को लेकर ही चला है, उसमें किसी 'वाद' के द्वारा विपर्यय करके नहीं। वह अभिव्यक्ति या प्रकाश की ओर उन्मुख हैं, रहस्य या छिपाव की ओर नहीं।'

शुक्ल जी का संकेत साफ़ है कि रहस्य का वाद कविता में भावों की उन्मुक्ति या प्रकाश की नहीं, भावों को छिपाने की कला है। आज विचार करें तो आधारभूत छायावाद–जिसके स्रष्टा प्रसाद, निराला और पन्त हैं–भावों की स्वच्छन्दता के प्रवर्तक हैं, न कि भाव-संकोच और भाव-संगोपन के। जबकि महादेवी वर्मा भाव-संगोपन की अधिष्ठात्री हैं।

काव्य के क्षेत्र में इससे जो सबसे बड़ी दिक्कत उठ खड़ी होती है, वह संप्रेषणीयता की है। जबकि शुक्ल जी के शब्दों में–'एक की अनुभूति को दूसरे के हृदय तक पहुँचाना, यही कला का लक्ष्य होता है।'

थोड़ा प्रसंगान्तर करूँ तो शुक्ल जी के इन अतिकथनों से प्रसाद और निराला तो किसी भी रूप में सहमत नहीं हो सके। यों शुक्ल जी का यह बौद्धिक हमला, ख़ासतौर से इन्हीं दोनों को लक्ष्य करके था भी। प्रसाद ने तो इसका प्रत्युत्तर 'रहस्यवाद' शीर्षक से अपना गम्भीर निबन्ध लिखकर दिया और निराला तो, शुक्ल जी के उसी हिन्दी विभाग में अपना प्रतिविस्फोटक भाषण अपने युवा मित्र और होनहार आलोचक नन्ददुलारे वाजपेयी की अध्यक्षता में दे आये। निराला का वह भाषण इतना आक्रामक और शालीनता की सरहदों के आर-पार का था कि तयशुदा अध्यक्ष और *प्रिय प्रवास* के कवि अयोध्यासिंह उपाध्याय 'हरिऔध' उसे असह्य मान बीच से ही उठकर चले गये। कवि निराला तो यह मानते ही थे कि जो सत्य है, वही कविता है, वही छायावाद या रहस्यवाद है। रहस्य वास्तव में पहुँचे हुए लोगों के लिए रहस्य नहीं, साधारण सत्य है।

शुक्ल जी के इस गम्भीर और तर्कपूर्ण व्याख्यान से उन दिनों लगभग एक भूचाल-सा आ गया था। 26 नवम्बर, 1929 को युवा आलोचक नन्ददुलारे वाजपेयी ने अपने मित्र कवि निराला को लिखा–'भारतीय काव्य-दृष्टि पर इधर एक व्याख्यान सुकुल जी का हुआ था। पाखण्ड-प्रतिषेध को गद्य का रूप मिल गया है। एक पूरी किताब लिख चुके हैं–जिसमें यह सिद्ध किया गया है कि रहस्यवाद की कविता अभारतीय है–छप रही है, उसकी थोड़ी-सी बेवकूफियों मेरी समझ में भी आई हैं, छप जाने पर आप देखेंगे ही।'

बीसवीं शताब्दी के दूसरे-तीसरे दशकों में आने वाला यह रहस्यवाद कितना विवादग्रस्त हो उठा था, इसकी हक़ीक़त का अन्दाज़ इस उल्लेख से लगाया जा सकता है तथापि पं. नन्ददुलारे वाजपेयी भी–प्रसाद निराला जैसे अपने आदरणीय कवि-मित्रों से पूरी तौर पर तो सहमत नहीं थे। 'छायावाद के सम्बन्ध में कुछ कड़ी और कड़वी बातें' शीर्षक से साप्ताहिक *भारत (प्रयाग)* के अपने अप्रैल, 1931 के लेख में उन्होंने लिखा–'हमारी कविता का धरातल सदा से मानवीय रहा है और समस्त मानवीय प्रयास विकास शक्ति पर ही चल सकते हैं। धर्म और समाज की भाँति कविता भी सदा से गतिशील और अभ्युदयशील रही है और भविष्य में भी उसे ऐसा ही रखना होगा।'

यह लम्बा प्रसंगान्तर मैंने इसलिए किया कि हम यह जान लें कि छायावाद के समर्थक आलोचक भी रहस्यवाद को लेकर अपनी हिचकिचाहटें रखते थे और उसे किसी भी रूप में युग की प्रधान अभिव्यक्ति मानने के विरुद्ध थे। इसका एक प्रमाण उन्हीं नन्ददुलारे वाजपेयी की ये पंक्तियाँ हैं जो 24 अप्रैल, 1931 में उसी *भारत* पत्र के पन्नों पर लिखी गयीं जिसके वे सम्पादक थे। वाजपेयी जी ने लिखा–'भारत के पिछले अंक में पं. सुमित्रानन्दन पन्त जी ने *नीहार* की बड़ी मार्मिक आलोचना की है। उसमें *नीहार* की कवयित्री को कल्पना जगत् की विवादमय और वास्तविक जीवन की हँसी-ख़ुशी से भरा हुआ बतलाया है। फिर उनमें मनोवैज्ञानिक साम्य स्थापित करते हुए यह बतलाया है कि एक ही प्रतिक्रिया से दूसरे का स्वाभाविक आविर्भाव होता है। पर कुछ दिनों के बाद इस प्रकार का समझौता लोगों की समझ में नहीं आयेगा और उसे ज़रूरत भी नहीं रह जायेगी। और पन्त जी का यह तर्क कुछ कच्चा भी रह गया है। उनके कहने से तो ऐसा जान पड़ता है कि कल्पना-जगत् में प्रवेश करते ही कलम-दवात लेकर रचना करने लग जाना अनिवार्य हो जाता है। यदि यही कल्पना-जगत् है तो इसे भी बुद्धि-जगत् ही कहना अधिक उचित होगा।' लेख का समापन करते हुए वाजपेयी जी ने लिखा–'यदि छायावाद को बिल्कुल प्रेतात्मवाद की-सी साम्प्रदायिक वस्तु नहीं बना देना है तो कवियों और समालोचकों को चाहिए कि वे मध्यमार्ग पर आवें, क्योंकि वही सत्य मानव-मार्ग है।'

मेरी जिज्ञासा यहाँ इतनी ही है कि जहाँ प्रसाद-निराला और पन्त, साहित्य के मध्यमार्ग के अन्वेषण और पुनर्रचना में लगे हुए थे, वहाँ महादेवी वादी कविता कही जाने वाली इस रहस्य धारा की अति पर क्यों जा खड़ी हुईं? क्या यही उस युग का प्रधान जीवन-सत्य था और इस तरह बुनियादी काव्य-सत्य भी? यदि नहीं था तो *झाँसी की रानी* और *वीरों का कैसा हो वसन्त* वाली सुभद्रा कुमारी चौहान की

यह अन्तरंग सहेली, रहस्यवाद के इस गलियारे में कैसे आ खड़ी हुई? इसके पीछे के सामाजिक और ऐतिहासिक कारण क्या रहे होंगे? मनोवैज्ञानिक कारण भी क्या कुछ रहे होंगे?

एक साफ़-साफ़, ग़ैर-साहित्यिक-सा सवाल भी उठाना चाहूँगा कि महादेवी की इस रहस्यवादी कविता से उस समय के राष्ट्रीय आन्दोलन का कैसा रिश्ता या क्या वास्ता था? छायावाद की सुमधुर पिकी कही जाने वाली इस कवयित्री के शताब्दी वर्ष में ये प्रश्न, प्रश्न कम, एक साहित्यिक की विनम्र जिज्ञासाएँ अधिक हैं।

यह सब एक ऐसे पाठक की उधेड़बुन है जो कवयित्री के काव्य के चौखट पर खड़ा ज़रूर है पर आँगन में पहुँच उसका जायजा लेने की मन:स्थिति निर्मित नहीं कर सका है। अत: इसे सिक्के का एक रूप या चेहरा मानना ही ठीक होगा। साहित्य और कला की समझदारी बढ़ाने में ये सवाल कितनी दूर तक हमारी मदद करते हैं, यह भी एक सवाल है। महादेवी इन तमाम सवालों को जैसे एक झटके में उड़ाती-सी हुई '*यामा*' की भूमिका में कह बैठती हैं–'रहस्यवाद आत्मा का गुण है, काव्य का नहीं।' फिर 'काव्य की उत्कृष्टता किसी विशेष विषय पर निर्भर नहीं, उसके लिए हमारे हृदय को ऐसा पारस होना चाहिए जो सबको अपने स्पर्श मात्र से सोना कर दे।' किन्तु कैसा हृदय-स्पर्श जहाँ 'अनुरागजनित आत्म-विसर्जन' की तीव्रता हो, और एक सीमातीत मधुरता का ऐसा ठोस विस्तार जो किसी मधुरतम व्यक्तित्व की छवि बन सके और हम उसके प्रति अपना प्रणयदग्ध आत्मनिवेदन प्रकट कर सकें। महादेवी की मानें तो यही उनका रहस्यवाद है। एक मधुरतम व्यक्तित्व के प्रति प्रणय-व्याकुल भाव सरिता का आत्म-विसर्जन। महादेवी स्पष्ट करती हैं कि यह छायावादी कविता का दूसरा सोपान है। तब पहला सोपान क्या है? उत्तर होगा आत्म-विसर्जन से शून्य वह मनोभूमि जहाँ स्रष्टा की आत्मसजगता, आत्म विसर्जन से कहीं ऊपर है। सारांश लेकर कहना चाहें तो कहें कि छायावाद यदि आत्मसजगता की कविता है तो रहस्यवाद आत्म-विसर्जन की।

बीसवीं शताब्दी की कविता का यह प्रमुख अन्तर्द्वन्द्व है जिसकी सबसे प्रखर अभिव्यक्ति कवि अज्ञेय करते हैं। उनका बुनियादी आत्म-संघर्ष इन्हीं दो छोरों के बीच का संघर्ष है। *यह दीप अकेला* और *नदी के द्वीप* उनकी इस सन्दर्भ की जानी-पहचानी कविताएँ हैं। दोनों में ही चरम अन्तर्द्वन्द्व की अभिव्यक्ति है। किन्तु हम जानते हैं कि इसकी परिणति अज्ञेय की महान रचना *असाध्यवीणा* में किस रूप में होती है। आत्म-सजगता को जैसे झुठलाते, धता बताते और नकारते हुए वह केशकम्बली वीणावादक विश्व की तथता में स्वयं को विलीन कर देता है। असाध्य

वीणा, आत्मविसर्जन की चरम सिद्धि है। तो क्या हम कहें कि महादेवी ने कविता की जो राह खोली थी, अज्ञेय जाने-अनजाने उसी से लड़ते-झगड़ते अन्तत: वहीं पहुँचे जहाँ महादेवी पहुँचने की साधना कर रही थीं? निश्चय ही महादेवी की इस साधना में वह समूची परम्परा शामिल थी जिसमें भक्ति काव्य वाला आत्म-निवेदनपरक काव्य आता है। संयोग से यह वैदिक ऋषियों का-सा मुक्त छन्द वाला काव्य नहीं है, गीतिमय काव्य है। यों ख़ुद महादेवी का कहा मानें तो उदात्त-अनुदात्त स्वरों में बँधा वेदगीत और अपनी मधुरता के कारण प्राणों में समा जाने वाले प्राकृत पद मानव-हृदय के, इसलिए सबसे करीब हैं, क्योंकि वे गेय हैं।

इस कथन से एक सिद्धान्त निकलकर आता है कि गेय-काव्य में मानव हृदय की निकटता पा लेने की सहज सामर्थ्य है, क्योंकि वह इसी स्रोत से जन्म ही लेता है। वे यह तर्क करने से भी चूकतीं नहीं कि प्राचीन हिन्दी साहित्य का भी अधिकांश गेय है। इस गेयता पर हम बाद में विचार करेंगे पर सम्प्रेषण की सबसे गहरी ताक़त गीत में है, यह तो वे कहती ही हैं।

उनकी गीत सम्बन्धी परिभाषा भी हमें विचार के लिए आमन्त्रित करती है–'सुख-दुख के भावावेशमयी अवस्था विशेष का गिने-चुने शब्दों में स्वर साधना के उपयुक्त चित्रण कर देना ही गीत है।' (यामा, पृष्ठ 6)

वे इसे और खुलासे में ले जाकर समझाती हैं–'इसमें कवि को संयम की परिधि में बँधे हुए जिस भावातिरेक की आवश्यकता होती है, वह सहज प्राप्य नहीं, कारण हम प्राय: भाव की अतिशयता में कला की सीमा लाँघ जाते हैं और उसके उपरान्त भाव के संस्कार मात्र में मर्मस्पर्शिता का शिथिल हो जाना अनिवार्य है।' आगे उनका समाहारमूलक वक्तव्य कुछ इस प्रकार है–'वास्तव में गीत के कवि को आर्त्त क्रन्दन के पीछे छिपे दुखातिरेक को दीर्घ नि:श्वास में छिपे हुए संयम से बाँधना होगा तभी उसका गीत दूसरे के हृदय में उसी भाव का उद्रेक करने में सफल हो सकेगा।' यह सब कहती हुईं महादेवी भविष्यवाणी वाली इस पंक्ति तक भी आती हैं–'हिन्दी काव्य का वर्तमान नवीन युग गीत-प्रधान ही कहा जायेगा।'

अपने इस सिद्धान्त-कथन और विचार-विश्लेषण में वे कुछ ऐसी निर्णायक बातें कहती हैं जो अनजाने ही महान् छायावादियों के विपरीत जा पड़ती हैं। न केवल हिन्दी के छायावादियों, वरन् पश्चिम के महान् स्वच्छन्दतावादियों और बाँग्ला के रवीन्द्रनाथ आदि के विरुद्ध भी जिन्होंने *निर्झरेर स्वप्न भंग* जैसी कविताएँ लिखीं।

तो क्या महादेवी हिन्दी कविता के अपने समकालीन छायावादियों से असहमत हैं? उन विश्वविख्यात रोमांटिकों से भी जिन्होंने अपने जमाने की कविता को भाव-

संयम में नहीं, भाव-विस्फोट में जाना-पहचाना? *जुही की कली*, *बादल राग,* यहाँ तक कि पन्त की *आँसू* और प्रसाद का *आँसू* काव्य भी भाव-विस्फोट का ही सौन्दर्य लिए हुए हैं। ऐसा न होता तो *हिन्दी साहित्य बीसवीं शताब्दी* के आलोचक को यह कहने का शायद ही कोई आधार मिलता कि 'कविता जिस स्तर पर पहुँचकर अलंकारविहीन हो जाती है, वहाँ वह वेगवती नदी की भाँति हाहाकार करती हुई हृदय को स्तम्भित कर देती है। उस समय उसके प्रवाह में अलंकार, ध्वनि, वक्रोक्ति आदि न जाने कहाँ बह जाते हैं और सारे सम्प्रदाय न जाने कैसे मटियामेट हो जाते हैं।'

इस आलोचक की मानें तो हृदय पर सम्पूर्ण अधिकार करने वाली रचनाएँ, वे होती हैं जिनमें भावनाओं का हाहाकार-संगीत सुनाई देता है, न कि संयम में बँधा वह भावातिरेक जिसे महादेवी अपने गीति काव्य के लिए आदर्श मानती हैं। महादेवी के इसी भाव-संयम से फूटे गीतों को देख साहित्य के इतिहास लेखक और नव्य शास्त्रवादी आचार्य शुक्ल को यह सन्तोष प्रकट करना वाजिब लगा कि 'गीत लिखने में जैसी सफलता महादेवी जी को हुई वैसी और किसी को नहीं।' अज्ञेय भी यह कहते हैं कि महादेवी की कविता-जो वस्तुतः रहस्यपरक और गीतिमय है-निर्दोष है। पर जैसे ही उनके सामने काव्य की उत्कृष्टता का मुद्दा आ खड़ा होता है, वे यह कहने में कोई संकोच नहीं बरतते कि निराला की कविताओं में दोष बहुत मिल जायेंगे। लेकिन ऊँचाई पर जहाँ तक वह पहुँचते हैं, वहाँ महादेवी कभी नहीं पहुँचती। अज्ञेय शायद यह कहना चाहते हैं कि 'निराला ने रोज बढ़ई की तरह ठोंक-पीटकर' जो भाषा बनाई और अपना व्यक्तित्व रचा, महादेवी ने प्रसाद और निराला की इस साधना का भरपूर लाभ लिया।[1]

और आख़िरी बात जो मैं सोचता हूँ कि महादेवी की काव्य-भाषा आख़िर इतनी शुद्ध काव्य-भाषा क्यों है कि बोलचाल वाली जीवन्त भाषा-ध्वनियों की उसमें कोई अनुगूँज नहीं? वह एक ऐसी काव्य-भाषा है जो सिद्ध काव्य-रसिकों के ही काम आ सकती है। उसमें इतनी आभरणप्रियता और सांकेतिकता है कि वह उन्हीं के प्रति सहज संप्रेष्य है जो जीवनानुभवों के कठिन संघर्षों और ऊबड़-खाबड़ पड़ावों को पार कर उन चिकने समतलों पर जा पहुँचे हैं, जहाँ जीवन बेहद रंगीन, रसमय और प्रिय मधुरतम है।

निश्चय ही यह काव्य-संस्कृति का वह समुन्नत शिखर है जहाँ कवि और कविता वास्तविक अनुभवों की जीवनभूमि त्यागकर ऐसे अध्यात्म लोक में जा पहुँचते हैं जहाँ या तो कबीर जैसे सन्त या फिर उनके साईं का रमण सम्भव है।

---

1. अज्ञेय अपने बारे में, पृ. 34

मैं जानता हूँ, महादेवी वर्मा ने ऐसी ही गम्भीर और उदात्त काव्य-संस्कृति की सृष्टि की। पर उन्हें इसकी अपर्याप्तता का बोध भी खूब था। वे जानती थीं कि जिस देश में अन्न को ब्रह्म कहा गया है, उस देश में ब्रह्म को अन्न कहकर कवि-धर्म पूरा नहीं किया जा सकता। उनका समूचा गद्य, मुझे लगता है, इसी अभाव की क्षतिपूर्ति के उद्देश्य से लिखा गया है। हम चाहें तो यह भी कहें कि कविता यदि उनका अध्यात्म बोध है तो गद्य वह यथार्थ-बोध जिसके बग़ैर शब्द की कोई साधना चरितार्थ और परिपूर्ण नहीं होती। आत्मसजग महादेवी ने ये दोनों साधनाएँ कर उस परिपूर्णता को चरितार्थ किया, जिसका सपना प्रत्येक वह सर्जक देखा करता हैं, जो इस भारत भूमि के संस्कारों में पला-बढ़ा है। जो इस देश की काव्य-परम्पराओं का वह सन्देश भूला नहीं है कि मनुष्य ही सर्वोपरि है, वही सबके केन्द्र में है। वही समस्त कलाओं का स्रोत और प्रेरणा-केन्द्र है।

छायावादियों के साथ की महादेवी

यों तो अधिकांश रहस्यवादी काव्य शृंगारिक रूपकों से भरा पड़ा है पर महादेवी के रूपकों में जो प्रियतम है, वह अलग किस्म का है। कवयित्री उसे जानती हैं। कुछ इस तरह जैसे कि पहले उससे कई-कई बार की भेंट हो चुकी हो। उसी की 'प्यास' का ज्वर उनकी प्रारम्भिक कविताओं में चढ़-उतर रहा है–

कन कन में बिख़री सोती है
अब उनके जीवन की प्यास
जगा न दे हे दीप! कहीं
उसको तेरा यह क्षीण प्रकाश (पृष्ठ 15)

इस सोती हुई प्यास के सपनों की गाथा भी कुछ कम नहीं है। 'वह मेरे सपनों की छाया/झोकों में फिरती रोती।' कह कवयित्री अपने मन की हालत का बयान कर देती हैं। इतना ही नहीं, वह उस सुकुमार जीवन का स्मरण किये बिना भी नहीं रहतीं जिससे उसकी 'प्यास' का गहरा भाव-सम्बन्ध है–

जिन अधरों की मन्द हँसी थी
नव अरुणोदय का उपमान
किया दैव ने जिन प्राणों का
केवल सुषमा से निर्माण,

आगे 'सुषमा' का भाष्य-बिम्ब भी है–

तुहिन बिन्दु-सा, मन्जु सुमन-सा
जिनका जीवन था सुकुमार,
दिया उन्हें भी निठुर काल ने
पाषाणों का शयनागार!

'जिन अधरों की मन्द हँसी थी' कह महादेवी यह सुस्पष्ट कर देती हैं कि इस हँसी को वे बहुत करीब से जानती हैं और उसे अपनी साँसों से अभिन्न मानती हैं। किन्तु वे इस सच्चाई को प्रकृति-व्यापार के आवरण में जिस तरह पेश करती हैं, वह असाधारण है।

हमें यह नहीं भूलना चाहिए कि इन कविताओं का समय वही है जो प्रसाद के *आँसू* का है। सब प्रकार से लौकिक और मानवीय विरह-काव्य होकर भी प्रसाद की यह कृति उस समय के आलोचकों (दो-एक अपवादों को छोड़कर) की निगाह में अलौकिक और रहस्यवादी ही समझी जाती रही। तथापि *आँसू* के पाठकों में उस कृति को लेकर एक भक्ति भाव हिन्दी में न केवल फैल चुका था वरन् उसकी अपने-अपने ढंग से आवृत्ति भी हो रही थी। महादेवी की इन रचनाओं को देख यह अनुमान लगाना मुश्किल नहीं रह जाता कि वे *आँसू* की आवृत्ति यात्रा में तो शरीक नहीं हैं, परन्तु उसके समानान्तर, एक और समानान्तर काव्य-विश्व रचना चाहती हैं।

आँसू में पुरुष-विरह केन्द्र में है। प्रकृति उसमें भरपूर साथ दे रही है कवि का, महादेवी के यहाँ भी प्रकृति का सक्रिय और सघन सहयोग है, पर विरह का चेहरा स्त्री-मुखी है। इस लिहाज से गौर करें तो स्त्री की विकलता में एक परम्परागत शालीनता है। सांकेतिकता और प्रयत्नधर्मी अस्पष्टता भी। प्रसाद जब-तब इस शालीनता की हद को पार कर जाते हैं। या यों कहें कि विस्फोटक अनुभवों के दबाववश उनकी अभिव्यक्तियाँ कहीं-कहीं ज़रूरत से ज़्यादा पौरुषपूर्ण हो उठी हैं। इसमें भी कोई शक नहीं कि प्रसाद के आवेगों में एक भयशून्यता और प्रबलता है। किन्तु यह एक दिन की कोशिश का नतीजा नहीं है, बरसों के अन्तर्द्वन्द्व, चिन्तन-मनन और साधना का सुपरिणाम है।

प्रसाद अपने ज़माने को लेकर कई-कई स्तरों पर संवादरत हैं, विचाररत भी। *आँसू* में वे अपने कवि को नये सिरे से तौलते हैं और उसकी परीक्षा लेते हैं। यह तौलना इस रूप में भी है कि एक बुद्धि-उन्मुख सभ्यता-समय में भावावेग का, प्रेम का, स्त्री-पुरुष सम्बन्ध का मूल्य क्या है? पर इतना ही नहीं, वे इतिवृत्त काव्य और इतिवृत्त मुक्त काव्य को भी आमने-सामने, अगल-बगल रखकर चल रहे हैं। *महाराणा का महत्त्व, प्रेम पथिक* में इतिवृत्त मौजूद है। एक बारीक स्तर पर *आँसू* में भी है। पर वहाँ कुछ भी स्थूल नहीं है, इतिवृत्त जैसा।

महादेवी को कलम उठाने से पहले यह माहौल मिल चुका था। इसलिए उनको समझने के लिए प्रसाद को याद रखना ज़रूरी लगता है मुझे। ख़ुद सुमित्रानन्दन पन्त को भी क्यों नहीं जिन्होंने इसी काल में *आँसू, उच्छ्वास* और *ग्रन्थि* जैसी कविताएँ

लिखीं। निराला को अपवाद मानें तो प्रसाद, पन्त और महादेवी एक सीमित अर्थ में *आँसू* के ही कवि हैं। प्रेम की असफलता से पैदा हुई विकलता और उसका अश्रु-विस्फोट। जरा पन्त की ये पंक्तियाँ देखें-

सिसकते, अस्थिर मानस से
बाल बादल-सा उठकर आज
सरल, अस्फुट उच्छ्वास!
अपने छाया के पंखों में
(नीरव घोष भरे शंखों में)
मेरे आँसू गूँथ, फैल गम्भीर मेघ-सा,
आच्छादित कर ले सारा आकाश!

यह कविता 1921 की है। 'पल्लव' में 'उच्छ्वास' शीर्षक से संकलित।

1921 में ही पन्त एक और रचना *आँसू* शीर्षक से लिखते हैं। इसकी कुछ पंक्तियाँ इस तरह हैं–

आह, यह मेरा गीला गान!
वर्ण वर्ण है उर की कम्पन,
शब्द शब्द है सुधि की दंशन
चरण चरण है आह,
कथा है कण कण करुण अथाह

इसमें 'उर का कम्पन' और 'सुधि का दंशन' जैसे बिम्ब तो हैं ही। इसीलिए यह एक अथाह करुण कहानी है, यहाँ से वहाँ तक बस गीली ही गोली। आँसुओं से भीगी हुई।

प्रसाद और पन्त का सन्दर्भ इसलिए आया कि उस सामाजिक और सांस्कृतिक मानस का साक्षात्कार किया जा सके जिसके परिणामस्वरूप ये कविताएँ लिखी गयीं; और इस तरह। अब फिर महादेवी की ओर लौटें। *नीहार* में उनकी इन पंक्तियों के पास–

शून्य से टकराकर सुकुमार
करेगी पीड़ा हाहाकार
विश्व होगा पीड़ा का राग
निराशा जब होगी वरदान,

साथ लेकर मुरझाई साध
बिखर जायेंगे प्यासे प्राण!

कहना यह कि महादेवी यहाँ अकेली नहीं हैं। प्रसाद और पन्त भी उनके साथ हैं। हाँ, निराला ज़रूर इससे अलग-थलग हैं। उनके यहाँ प्रेम की यह असफलता और रुदन नहीं है। वे जैसे हैं, हैं, एक उन्मुक्त भोक्ता। इसीलिए उनके नैतिक विरोधी उन्हें अनैतिक साबित करने से बाज भी नहीं आते थे। 'लौटी रचना लेकर उदास', पन्त नहीं, निराला ही बैठे रहते थे। विद्रोह और निर्बन्ध स्वच्छन्दता उनका स्वभाव था। सीधा-साधा सुविधाजनक रास्ता उन्हें जीवन भर पसन्द नहीं आया। वे तो टेढ़ी राहों पर चलने में ही रस लेने के आदी थे। इसी रूप में वे सबसे स्वच्छन्द थे। अपनी ही राह चलने वाले काव्य पथिक।

इस दृष्टि से प्रसाद परम्परा के कुछ ज़्यादा ही दबाव में रहा करते थे। यह और बात है कि उसी परम्परा ने प्रसाद के शब्दों को गहरी अर्थवत्ता और सौन्दर्य प्रदान किया। विचारों का जो ऐतिहासिक तेज प्रसाद के यहाँ दिखाई देता है, वह परम्परा के गहरे अवगाहन का परिणाम है।

ऐसा भी नहीं कि निराला परम्परा से परिचित न हों पर अपने विद्रोही स्वभाव के चलते वे उसके उन रूपों के प्रति कहीं ज़्यादा उन्मुख रहा करते थे जहाँ बन्धन कम और मुक्तता अधिक हो। परम्परा के बन्धनों को खोलकर उन्मुक्त कर देने का कार्य निराला को प्रिय था। पद्माकर के कवित्त को मुक्त छन्द में ढालने की अगुवाई तो उन्होंने की ही, नख-शिख वाले रीतिकालीन सौन्दर्य-बोध को भी उन्होंने खुली चुनौती-सी देते हुए लिखा–'खुले केश अशेष शोभा भर रहे।' 'ज्योति की तन्वी' को 'बादलों में घिर अपर दिनकर रहे' कहने वाले कवि वे ही थे।

महादेवी का निराला से अगर कुछ मिलता है तो वह गीत संसार जहाँ निराला अत्यन्त वस्तु उन्मुख तो महादेवी आत्मोन्मुख हैं। हाँ, कुछ प्रार्थना गीत अवश्य हैं, जहाँ निराला भी इस भूमि पर आ खड़े हैं।

प्रेम की जिस असफलता का उल्लेख पहले मैंने किया है, उसमें प्रसाद और पन्त महादेवी की अगुवाई करते हैं। फ़र्क यह ज़रूर है कि प्रसाद उसे हल्की रहस्यात्मकता से ढँकने की कोशिश करते हैं, जबकि पन्त उसे उसके स्वाभाविक रूप में ही रहने देते हैं। 'तुम्हारे छूने में था प्राण/संग में पावन गंगा स्नान' जैसी पंक्तियों में रहस्य का कोई पेच नहीं है। प्रसाद भी अन्ततः यह लिखने से कहाँ बाज आते हैं–'परिरम्भ-कुम्भ की मदिरा/निःश्वास मलय के झोंके/मुख चन्द्र-चाँदनी जल से/मैं उठता था मुँह धो के।'

स्पर्श का बोध प्रसाद के यहाँ प्रणय की अथाह गहराइयों तक चला गया है। प्रसाद के प्रणय-बिम्ब जब आते हैं तो रीतिकाल भी कभी-कभी पिछड़ता-सा दिखाई देता हैं और उसकी याद उन्हें हिलाकर रख देती है। लेकिन इन अनुभव-प्रसंगों को छायावादियों ने जिस भाषा और कल्पना के रंग में रंगा है, वह असाधारण ही नहीं, अपूर्व भी है। इसकी सबसे बड़ी विशेषता वह काव्य-चेतना है जिसमें परम्परागत शृंगार-काव्य, प्रेम-काव्य और प्रकृति-काव्य एकमेक होकर आये हैं। और एक खास प्रकार की आध्यात्मिक उन्मुखता के साथ। छायावाद में इस आध्यात्मिकता को बहुत-से लोगों ने धार्मिक भाव-बोध तो कइयों ने दार्शनिक बोध का नाम देकर समझना चाहा है। कविता और साहित्य की अपनी भी कोई आध्यात्मिकता होती है, इसे समझने और मानने की कोशिश बहुत कम लोग कर सके हैं।

कविता अगर एक स्थूल बुद्धि व्यापार नहीं, सूक्ष्म मानसिक व्यापार है तो वह आध्यात्मिक नहीं तो और क्या है? रीतिकाल का शृंगार काव्य देह की सीमाओं का अतिक्रमण नहीं कर पाने के कारण कभी भी आध्यात्मिक नहीं कहा गया। भक्तिकाल की कविता तो साधनापरक ही थी इसलिए उसकी आध्यात्मिकता निर्विवाद है। किन्तु वह छायावादी कविता जो देह की सीमाओं का अतिक्रमण कर एक सूक्ष्म-गम्भीर व्यापक संवेदना बन जाती है, वह आध्यात्मिक नहीं तो और क्या है? वह कविता जिसमें केवल मनुष्य का मनुष्य से संवाद नहीं है, बल्कि समूची सृष्टि उस संवाद में शामिल होती रही है। शामिल ही क्यों, कहना चाहिए डूबी हुई है–

तड़ित सुधि में, वेदना में
करुण पावस-रात भी;
आँक स्वनों में दिया
तुमने वसन्त प्रभात भी;

सुधि को तड़ित, करुण वेदना को पावस-रात और सपनों को वसन्त-प्रभात कहने वाली महादेवी बार-बार *आँसू* के प्रसाद की याद दिलाती हैं। इसी गीत में महादेवी यह चित्र भी रचती हैं–'क्या शिरीष-प्रसून से कुम्हलाएँगे यह साज मेरे?' *आँसू* में प्रसाद भी शिरीष-सुमन के हवाले से कुछ ऐसा ही भाव लेकर उपस्थित हैं–

कुसुमाकर रजनी के जो
पिछले पहरों में खिलता
उस मृदुल शिरीष सुमन-सा
मैं प्रात धूल में मिलता

महादेवी के यहाँ भी जो जीवन-स्वप्न हैं वे वसन्त प्रभात की तरह हैं। प्रसाद के यहाँ भी ये कोमल स्वप्न शिरीष के फूलों की तरह वसन्त की रातों के पिछले पहरों में खिलते और सुबह होते न होते धूल में मिल जाते हैं। फूलों की तरह सपनों का यह खिलना और मुरझा जाना हमारी संवेदनाओं को व्यावहारिक जगत् की सीमाओं से मुक्त कर उस विराट विश्व-चक्र के करीब ले जाकर खड़ा कर देता है जहाँ हम नये सिरे से जीवन या प्राण-सत्ता की हकीकतों से अगर चाहें तो परिचित हो सकते हैं। न केवल परिचित हो सकते हैं, बल्कि कविता के मार्फ़त उनका गम्भीर साक्षात्कार भी कर सकते हैं।

महादेवी का एक और लोकप्रिय गीत है–'मैं बनी मधुमास आली।' *नीरजा* के इस गीत की कुछ पंक्तियाँ इस तरह हैं–

रजत-स्वप्नों में उदित अपलक विरल तारावली,
जाग सुख पिक ने अचानक मन्दिर पंचम तान ली;
बह चली निःश्वास की मृदु
वात मलय-निकुंज-पाली।
सजल रोमों में बिछे हैं पाँवड़े मधुस्नात-से;
आज जीवन के निमिष भी दूत हैं अज्ञात से;
क्या न अब प्रिय की बजेगी
मुरलिका मधु-राग वाली?
मैं बनी मधुमास आली

गौर करें तो यह सुधि के इन्दु से बरसकर छिटक पड़ी पुलक की चाँदनी है। लेकिन विरहानुभूति से सारा वातावरण करुण यामिनी में बदल चुका है। विरह में मिलन की यादों का वैभव प्रेमिका की आँखों में कालिन्दी बन उमड़ आया है। जैसे कि महादेवी साक्षात् राधा हों। न होतीं तो 'क्या न अब प्रिय की बजेगी मुरलिका मधु-राग वाली' जैसी पंक्ति वे क्यों लिखतीं?

वसन्त की यह चाँदनी रात किस कदर मधुर विषाद में डूब गयी है, इसे वे बखूबी चित्रित करती हैं। रीतिकालीन कविता के सारे उपमान सन्दर्भ भक्तिकाल तक हमें ले जाते हैं। यहाँ यमुना है, कोकिल (पिक) और निकुंज है, दूत भी हैं और मुरली भी। परम्परा का यह पुनरान्वेषण और पुनर्नृजन महादेवी को कभी भक्तिकाल तो कभी रीतिकाल की कविता तक ले जाता है। जो लोग उन्हें निर्गुण, अद्वैतवादी और रहस्यवादी कहकर उनके काव्य की गहरी सच्चाइयों से बचना चाहते हैं, वे इन भाव-सत्यों का सामना करें। यह भी विचार करें कि महादेवी के यहाँ जो विरह है, वह

मिलन की यादों से भरा हुआ है। एक गीत में उनका यह आत्म-सम्बोधन है–'जग ओ मुरली की मतवाली!' जैसे कि महादेवी ब्रज की कोई गोपिका हों–

दुर्गम पथ हो ब्रज की गलियाँ,
शूलों में मधुवन की कलियाँ:
यमुना हो दृग के जल कण में,
वंशी-ध्वनि उर की कम्पन में;

'गा तेरे ही पंचम स्वर से/कुसुमित हो यह डाली डाली! जग ओ मुरली की मतवाली!'

हिन्दी में ऐसे काव्य-पण्डितों का जमावड़ा आज खूब हैं जो दर्शन और विचारधारा को काव्य का परमतत्त्व घोषित करते हुए काव्य-तत्त्वों की बुनियादी भूमियों को नज़रअन्दाज़ करने की राजनीति किया करते हैं। वे ही लोग अध्यात्म का बखेड़ा खड़ा कर कविता को इस या उस दार्शनिक सिद्धान्त या विचारधारा का पिछलग्गू बना डालना चाहते हैं। जैसे कि कविता, कविता न हुई, विचारधारा या धर्म-सम्प्रदाय की अनुगता मात्र हुई।

छायावाद की कविता को आध्यात्मिक संवेदना कहने वाले आलोचक पं. नन्द दुलारे वाजपेयी से इस लेखक ने यह जिज्ञासा व्यक्त की थी कि कविता में आध्यात्मिक संवेदना से उनका तात्पर्य आख़िर है क्या? और तब उनका समाधान कुछ यों था–'साहित्य की रचना और संवेदना एक मानसिक पदार्थ है, जो जितनी गम्भीर होगी उतनी ही आध्यात्मिक कही जायेगी...यदि आध्यात्मिक से आशय कुछ और हो और आध्यात्मिक साँचे से मुझे किसी मतवाद की सीमा में रखने का प्रयत्न किया जा रहा हो तो मैं इसे स्वीकार नहीं करता।' वाजपेयी जी ने आगे भी और कहा–'उत्कृष्ट काव्य के स्रष्टा मानव चेतना के संवर्द्धक होते हैं। वे किसी मतवाद को, चाहे वह भौतिकवादी हो या अध्यात्मवादी, एकान्ततः पकड़ नहीं सकते।' आज, जबकि साहित्य की राजनीति के नाम पर कुछेक साँचे काव्य-तत्त्वों और उनका नवोन्मेषकारी सृजन करने वाली प्रतिभा से भी अधिक महत्त्वपूर्ण और केन्द्रीय हो उठे हैं, महादेवी का काव्य यह साबित करता है कि निर्गुण या सगुण मतवाद उतने अहम मुद्दे नहीं हैं जितनी कि वे काव्य-संवेदनाएँ जो धर्म और दर्शन के लिए प्रायः बेमानी ही साबित होती आई हैं।

महादेवी के काव्य की विशिष्टता संवेदनाओं के इन्हीं रहस्यों में निवास करती है। ये वे संवेदनाएँ हैं जिनमें ऐन्द्रिक बोध का सौन्दर्य भी खूब है, मानव देह की वे ज़रूरतें भी जिनसे भौतिक सत्ता अपना विकास प्राप्त करती है। महादेवी किन्तु

इसी में कैद होकर नहीं रह जातीं। वे उस सूक्ष्म मानसिक सोपान तक भी जाती हैं जहाँ भौतिक कहे जाने वाले स्थूल संवेदन काफ़ी पीछे छूट जाते हैं। अन्ततः राग का वह विराट सम्मोहन, जो उनकी कविता का ऊर्जा स्रोत था, पलटकर एक ऐसे विराग में रूपान्तरित हो उठता है जिसमें 'सुधि भीने रंगीले बादलों का उत्सव' जैसा हो रहा हो–

प्रिय सांध्य गगन
मेरा जीवन!
यह क्षितिज बना धुँधला विराग,
नव अरुण अरुण मेरा सुहाग,
छाया-सी काया वीत राग,
सुधि भीने स्वप्न रंगीले घन।

यहाँ छाया-सी काया का वीतरागपन गौरतलब है। सांध्य गीत तक आते-आते महादेवी एक नये मोड़ पर आ खड़ी होती हैं। यही वह जगह है जहाँ वे ख़ुद से यह सवाल करती हैं–

बाँध लेंगे क्या तुझे यह मोम के बन्धन सजीले?
पन्थ की बाधा बनेंगे तितलियों के पर रँगीले?
तू न अपनी छाँह को अपने लिए कारा बनाना।

इसी में एक पंक्ति यह भी आती है–'अमरता-सुत चाहता क्यों मृत्यु को उर में बसाना?' स्पष्ट ही यहाँ महादेवी की कविता विचारोद्दीप्त हो उठी है। संवेदनाओं की सुगन्धित तरलता तेजोद्दीप्त बौद्धिकता में बदल गयी है। हृदय पिछड़-सा गया लगता है और बुद्धि अगुवाई करने लगी है।

महादेवी की कविता का चेहरा स्वभावतः यहाँ बदल गया है। किन्तु यह एक अपवाद-बिम्ब है जिसमें संकल्प की प्रचण्डता, दुर्दम जिजीविषा और प्रतिकूलताओं से जूझने का ज़बर्दस्त हौसला और आत्मबल है। उनकी कविता के पाठकों के लिए ये सन्देश बेहद सम्मोहक और विरल हैं। किन्तु समूची कविता के बीच इन सन्देशों को महादेवी का मूल सन्देश कहना, उनकी कविता से अपना अपरिचय जाहिर करना ही कहा जायेगा!

महादेवी का काव्य-मन

कविता अगर कवि के स्वभाव की अभिव्यक्ति है तो यह कहना पड़ेगा कि महादेवी *नीहार* लोक की कवयित्री हैं–'नीहार के धुँधलेपन में मैं सभीत-सी भारती मन्दिर की जिस सीढ़ी पर आ खड़ी हुई थी, अब तक वहीं हूँ, क्योंकि न कभी पैरों में अन्तिम सोपान तक पहुँचने की शक्ति आई और न उत्सुक हृदय ने लौट जाने की प्रेरणा ही पाई।'

उनके कवि-जीवन में नीहार-काल का जो महत्त्व है उसे भी उन्हीं के शब्द बयान करते हैं–'नीहार के रचनाकाल में मेरी अनुभूतियों में वैसी ही कुतूहल मिश्रित वेदना उमड़ आती थी जैसी बालक के मन में दूर दिखाई देने वाली अप्राप्य सुनहली उषा और स्पर्श से दूर सजल मेघ के प्रथम दर्शन से उत्पन्न होती है।'

प्रकृति के इन अद्‌भुत रूपों का एक और अनुभव-लोक हमें छायावाद के कवि पन्त में मिलता है। वहाँ भी बाल सुलभ कुतूहल और जिज्ञासाएँ हैं, किन्तु विस्मयपूर्ण आनन्द के साथ। विपरीत इसके महादेवी में वेदना और विषाद है। कारण शायद महादेवी की वह अति-बौद्धिक सतर्कता और व्यावहारिक सचेतनता है जो उन्हें हर बार यह याद दिलाती है कि वे एक स्त्री हैं। सो भी एक ऐसे युग की स्त्री जिसकी मुख्य चिन्ता साम्राज्यवाद से लड़ने और स्वाधीनता अर्जित करने से जुड़ी हुई है। अपने सृजन में वे इसका प्रत्याख्यान नहीं करतीं, बल्कि अपने कहने के ढंग से यह प्रमाणित भी जब-तब कर देती हैं कि स्वाधीनता आधारभूत मूल्य भी है और सर्वोच्च भी। किन्तु वे इस बात से बाकायदा बाखबर हैं कि राष्ट्रीय आन्दोलन के दौरान, जहाँ हर संवेदनशील व्यक्ति एक महान् राष्ट्रीय जीवन के नवनिर्माणकारी अभियान में शामिल हो, वहाँ अपनी निजता और उसके अन्तर्निहित सत्य को मैथिलीशरण गुप्त अथवा सहेली सुभद्रा कुमारी चौहान की पारदर्शी अभिधा में परोसना कितना चुनौतीपूर्ण होगा।

यह तो वे *यामा* की भूमिका में मंज़ूर करती हैं कि नीहार-काल की रचनाओं में कुतूहल-मिश्रित वेदना है। कुतूहल इसी रागमय रंगीन संसार के प्रति। वेदना शायद इसलिए कि युग के नैतिक दबाव डण्डे लेकर सामने खड़े हैं।

यह भी सच है कि परिपक्व कैशोर्य काल में ही महादेवी को संसार की मादकता की अनुभूति हो चुकी है–

'हँस देता जब प्रात, सुनहरे/अंचल में बिखरा रोली/लहरों की बिछलन पर जब/मचली पड़ती किरणें भोली/तब कलियाँ चुपचाप उठाकर पल्लव के घूँघट सुकुमार/छलकी पलकों से कहती हैं 'कितना मादक है संसार'। उनकी प्रारम्भिक कविताओं में तमाम सामाजिक प्रतिबन्धों और नैतिक वर्ज़नाओं के बावज़ूद यह मादकता साफ़ अनुभव की जा सकती है–'बीते युग, पर बना हुआ है अब तक मतवाला संसार।' इस मतवालेपन में महादेवी की गहरी अभिरुचि है।

महादेवी का स्त्री-मन भी उसी *जुही की कली* या कवि पन्त की *आँसू* और *उच्छ्वास* की नायिका वाला मन है जो प्रिय के स्नेह स्वप्न में मग्न है। किन्तु वर्जनाओं के तमाम दबावों के साथ।

जिस छायावाद को कुछ लोग वायवीय और अति-काल्पनिक कह यथार्थ-विरोधी करार देते हैं उसी की इन सन्दर्भित रचनाओं में युग के स्त्री मन की एक सहज स्वाभाविक और गहरी रूपरेखा अंकित है। छायावाद के अन्य कवियों (जो संयोग से पुरुष हैं) में स्त्री का स्वरूप पुरुष-दृष्टि के बल पर निर्मित है। कहीं अति समादर-भाव है तो कहीं अति प्रणय-भाव। शिकायतें भी कम नहीं हैं। रोना-धोना भी है ही। अनुरोध, अपेक्षा और व्याकुल समर्पण भी प्रसाद का *आँसू*, पन्त की *ग्रन्थि* यहाँ स्मरण हो आते हैं।

छायावाद काल का पुरुष जिस स्त्री-छवि की कामना से भरा हुआ है, स्त्री कवि महादेवी के मन में क्या पुरुष को लेकर वैसी ही उमंगें, आकर्षण, व्याकुलताएँ अस्वाभाविक और अनैतिक कही जा सकेंगी? या फिर यह सब सहज और अति मानवीय है। महादेवी ने अपने इन आकर्षणों को छिपाया नहीं है, किन्तु यह ज़रूर किया है कि उनकी यह *गुफ़्तगू* बेहद खास लोगों के लिए हो। हम चाहें तो इसे रोमानी अभिजात कहें या फिर अभिजनोन्मुखी स्वच्छन्दता।

यों स्वच्छन्दता यहाँ उस रूप में तो प्रकट नहीं हो सकी है जैसी कि वह प्रसाद, निराला या पन्त के यहाँ हुई है। वे तीनों सचमुच बेहद स्वच्छन्द हैं। वे परम्परा का पुनरान्वेषण ही नहीं कर रहे, उसको एक नया और तेजस्वी चेहरा भी दे रहे हैं। हिन्दी कविता युगों बाद समूचे युगानुभवों की प्रखर प्रतिच्छवि बन उनमें प्रकट हुई है। जातीय मानस के चेतन-अवचेतन के वे सारे स्वप्न-संघर्ष तीनों में तरह-तरह से रूप और आकार पा सके हैं।

एक और रूप में यह कविता जितनी देशज और भारतीय है उतनी ही विश्वज् और सार्वजनीन भी। गांधी की तरह यह एक ऐसी नयी मानवता का स्वप्न लेकर भी आती है जिसमें विचारों और विचारधाराओं का संघर्ष तो है, किन्तु शत्रुतापूर्ण विद्वेष कहीं नहीं। विपरीत इसके इसमें एक महान् जीवन-सन्देश है जो आक्रामक सभ्यताओं को उनकी असद् इच्छाओं से बाज आने की नसीहतें देता है। *कामायनी* और *राम की शक्ति पूजा* जैसी कृतियों में जीवन-आदर्शों और सभ्यतागत मूल्यों-अपमूल्यों का विवाद-विश्लेषण खड़ा कर यह सन्देश दे दिया गया है कि नयी सभ्यता और नयी मानवता का वास्तविक हित कहाँ है। इस रूप में छायावाद गांधी जैसे महामानव की चिन्ताओं में ही हाथ नहीं बँटाता, उनके सोचे और किये गये सुकर्मों की एक समानान्तर शब्द संस्कृति भी रचता है।

जो लोग उसे मात्र *मधुचर्या* मानते हैं, उनका प्रत्युत्तर मुक्तिबोध और रामविलास शर्मा के लेखन में मौजूद है। आचार्य नन्ददुलारे वाजपेयी में तो वह है ही।

महादेवी में स्वच्छन्दता का यह सहज और उन्मुक्त अनुभव-प्रदेश सिमटकर रह गया है। हम चाहें तो कहें कि यहाँ स्त्री-पुरुष सम्बन्धों की अनेक रंगीन और गहरी छवियाँ समूचे गतिमय निसर्ग की सम्मोहक अनुगूँजों के साथ केन्द्रीकृत और सघन हो उठी हैं। महादेवी की यह अन्तर्मुखता असाधारण और विरल है। इतनी विरल कि आम सोच-विचार तो दूर की बात, आम काव्य-भाषा और कवि-कल्पना भी यहाँ प्रवेश निषिद्ध-सी है। एक बार प्रसाद निराला तो यह ढील प्रदर्शित कर भी दें, किन्तु महादेवी तो इसके लिए सूई की नोक भर की गुंजाइश लेने या देने को तैयार नहीं। उनकी यह सतर्कता गौरतलब है। वे ठीक लिखती हैं कि नीहार-काल के बाद उनकी कविताओं में चिन्तन की प्रमुखता आ गयी। अनुभूति से चिन्तन की ओर आने का यह रहस्य आख़िर क्या होगा?

नीरजा और *सांध्य गीत* में यही चिन्तन मुद्रा रहस्यवादी दार्शनिकता में बदल गयी है। कवि का अनुभव-प्रदेश एक सुस्थिर दर्शन-प्रदेश में बदल गया है। अनुभवों की निजता और विशिष्टता अब सुख-दुख-मिश्रित एक ऐसी स्थिर मनोभूमि में रूपान्तरित हो उठी है जहाँ भाषा और अलंकार पहले की तुलना में अधिक निखरते चले गये हैं, कवि की मनोभूमि एक ऐसी सिद्ध साधक या गायक की हो उठी है जो हर बार जाने पहचाने राग को पुनर्प्रस्तुत करता हुआ भी अपनी कलात्मक ताज़गी का सतत प्रमाण देता चलता है।

महादेवी का यह गायन कभी रुकता नहीं, पर उनकी अनुभव-यात्रा तो थम-सी ही जाती है। इक्के-दुक्के अपवादों के बावज़ूद। फिर तो वे समूची जातीय काव्य-

परम्परा का मधु-सार निचोड़कर अपने गीतों को परम्परा का सबसे प्रामाणिक और सबसे तरोताजा संस्करण बना देती हैं। मन होता है, कहूँ कि *वृहत्त्रयी* के कवि अगर वेदत्रयी हैं तो महादेवी वेदान्त।

ऊपर जिस *अभिजात* की बात मैंने की हैं, वह यही है। स्वच्छन्दता-युग अपनी शुरुआत करने वाली महादेवी का गन्तव्य तो अन्ततः परम्परा ही है।

आचार्य नन्ददुलारे वाजपेयी अपने ख्यात निबन्ध *स्वच्छन्दता और परम्परा* में लिखते हैं–'रोमेंटिसिज्म में वस्तु का उदात्त होना आवश्यक नहीं...स्थिति और भाव के अनुरूप भाषा भी विविध रूप ग्रहण कर सकती हैं। रोमेंटिक कवि भाषा के अभिजात्य का दावा नहीं करते। कला की दृष्टि से इस काव्य परिपाटी की सबसे बड़ी विशेषता यह है कि वस्तु तथा शैली में यह कोई तात्त्विक भेद नहीं मानती। दोनों को कवि की भाव-व्यंजना का अभिन्न आधार समझती है।'

इतना ही नहीं, 'रोमेंटिक वर्ग के कवि और समीक्षक भावना को काव्य की मुख्य वस्तु मानते हैं।' और महादेवी लिखती हैं–'हम प्रायः भाव की अतिशयता में कला की सीमा लाँघ जाते हैं और उसके उपरान्त भाव के संस्कार मात्र में मर्मस्पर्शिता का शिथिल हो जाना अनिवार्य है।'

स्पष्ट ही महादेवी को कला की यह किंचित् शिथिलता भी मंज़ूर नहीं।

हिन्दी साहित्य : बीसवीं सदी के आलोचक श्री वाजपेयी लिखते हैं–'हिन्दी में महादेवी जी का प्रवेश छायावाद के पूर्ण ऐश्वर्य काल में हुआ था, किन्तु आरम्भ से ही उनकी रचनाएँ छायावाद की मुख्य विशेषताओं से प्रायः एकदम रिक्त थीं।'

रहस्यवादी महादेवी के सन्दर्भ में भी वाजपेयी जी कई सवाल खड़े करते हैं। उनके अनुसार, 'रहस्यानुभूति एक अतिविरल है और उसकी काव्य-प्रक्रिया भी उतनी ही दुरूह और दुस्साध्य है।...' सांसारिक सुख-दुख, राग-विराग आदि जितने भी द्वन्द्व हैं, सबको एक ही चेतन से सम्बद्ध करने की यह प्रणाली रहस्यवादी प्रथम सोपान पर मिलती है।' वाजपेयी जी के अनुसार, 'इस सोपान पर हम महादेवी जी को नहीं पाते।' बकौल वाजपेयी यह रहस्य की प्राकृत अनुभव-भूमि है, प्रत्यक्ष भी। पर महादेवी की रहस्यभूमि को वे परोक्ष या गौण भूमि पर रखकर देखते हैं। परोक्ष अनुभूति के भी उनके अनुसार तीन भेद हैं–सगुण साकार, सगुण निराकार और निर्गुण निराकार। एक दिव्य व्यक्तित्व पर वह प्रेममय हो, करुणामय हो अथवा शक्तिमय या आनन्दमय, आस्था रखने वाले सगुण साकार के अनुयायी होते हैं। महादेवी जी की अधिकांश रचना का यही दार्शनिक आधार दिखता है। यानी एक सगुण और मधुरतम व्यक्तित्व की नियोजना। महादेवी जी के अनुसार, 'मानवीय सम्बन्धों में जब

तक अनुरागजनित आत्मविसर्जन का भाव नहीं घुस जाता, तब तक वे सरस नहीं हो पाते और जब तक यह मधुरता सीमातीत नहीं हो जाती, तब तक हृदय का अभाव दूर नहीं होता।' हृदय के इस 'अभाव' को 'भाव' में परिणत करने के लिए आत्मनिवेदन की क्रिया फलदायी है। महादेवी के गीत इसकी जैसे परिभाषा ही बन गये हों।

वे स्वयं कहती हैं कि आत्मनिवेदन के इस 'रहस्यमय रूप के कारण' इसे *रहस्यवाद* का नाम दिया गया। वाजपेयी जी की टिप्पणी है–'मधुरतम व्यक्तित्व की यह नियोजना महादेवी जी के काव्य में मौजूद है, किन्तु उसके निकट आत्मनिवेदन करने वाले बहुत से भक्त कवि हो गये हैं जिनका धार्मिक दृष्टि से पर्याप्त आदर है, किन्तु जिन्हें रहस्यवाद का स्रष्टा नहीं कहा जा सकता। स्पष्ट है कि महादेवी जी ने अपने इस वक्तव्य में आवश्यक सतर्कता से काम नहीं लिया। यही नहीं, उन्होंने रूढ़िबद्ध धार्मिक काव्य और वास्तविक रहस्य काव्य का स्पष्ट अन्तर सदैव अपने सामने नहीं रखा, जिससे उनकी रचनाओं में स्थान-स्थान पर पारदर्शी अध्यात्म की जगह रूढ़ि के चिह्न मिलते हैं।'

इसका एक ही उदाहरण 'दीपक' पर्याप्त होगा। महादेवी की पहली कविता–*निशा की, धो देता राकेश* में दीपकों के निर्वाण का चित्र आता है। *यामा* की आख़िरी और *दीपशिखा* की प्राय: हर दूसरी और चौथी रचना में दीपक का बिम्ब आता है। तथापि महादेवी का गम्भीर अवसाद और उदासी टूटती नहीं। पहली कविता में उनके मूड का यह चेहरा है–'नहीं अब गाया जाता देव! थकी अंगुली, हैं ढीले तार/' इसके अपने मनोवैज्ञानिक कारण भी तो होंगे, जैसे कि कोई गहरी असफलता, किन्तु क्यों? क्या महादेवी दुखवादी हैं? शायद नहीं भी, क्योंकि वे सजती-सजाती भी खूब हैं, सपने भी खूब देखती हैं। आवेगों और ऐन्द्रिय संवेगों की भी उनके यहाँ प्रचुरता है। 'तारकमय नव वेणी बन्धन/शीश-फूल कर शशि का नूतन, 'यदि एक ओर है तो 'सकुच सलज खिलती शेफाली/अलस मौलश्री डाली डाली/' भी है।

स्कंदगुप्त नाटक में देवसेना के मुँह से नाटककार प्रसाद आत्मपरिचय के रूप में यह कहलवाते हैं–'संगीत सभा की अन्तिम लहरदार और आश्रयहीन तान, धूपदान की एक क्षीण गन्ध-रेखा, कुचले हुए फूलों का म्लान सौरभ और उत्सव के पीछे का अवसाद; इन सबों की प्रतिकृति मेरा क्षुद्र नारी जीवन।'

महादेवी लिखती हैं–'परिचय इतना इतिहास यही उमड़ी कल थी मिट आज चली।' तथापि उन्हें सम्भवत: देवसेना की कही यह बात विभोर किये रहती है–'जहाँ हमारी सुन्दर कल्पना आदर्श का नीड़ बनाकर विश्राम करती है, वहीं स्वर्ग है।'

महादेवी ने भी अपनी कल्पनाओं का एक सुन्दर लोक रच लिया है। आकर्षक, अनुरोध, प्रतीक्षा ही नहीं, अभिसार और प्रणय-दृश्य भी यहाँ कुछ कम नहीं हैं।

कविवर पन्त की भाषा में कहें तो महादेवी चिरन्तन भाव-यौवना कवयित्री हैं। पन्त ही हमें सुझाते हैं कि महादेवी की वेदना का कारण हमें आत्मा-परमात्मा में नहीं वर्तमान अविकसित संकीर्ण मरणोन्मुखी सामाजिक यथार्थ के निर्मम देश में खोजना चाहिए। महादेवी का समूचा काव्य इसी दंश की पीड़ा, कसक और टीस की गाथा है। उनकी उस अप्रतिहत जिजीविषा का भी, जो हारना कभी नहीं चाहती।

अनुराग का उन्माद-राग

1924 में अपनी काव्य-यात्रा शुरू करने वाली महादेवी के अनुभवों की पड़ताल में जब हम उतरते हैं तब जो सबसे पहली कविता हमारे सामने आ खड़ी होती है वह 'नीहार' की है। इसका रचना काल 1924 ही मानना होगा। 1907 में जन्मी महादेवी का यह प्रौढ़ हो चुका कैशोर्य काल है जिसकी देहरी पर आसन्न यौवन कविता, जो महादेवी के शब्दों में 'गीत' है, कि प्रारम्भिक पंक्तियाँ हैं–

निशा की, धो देता राकेश
चाँदनी में जब अलकें खोल
कली से कहता था मधुमास
बता दो मधु मदिरा का मोल

महादेवी यहाँ जैसे कोई बीती हुई कहानी कह रही हों। नहीं, शायद उस मधुर-तिक्त कथा की याद से व्याकुल होकर अब फिर से उस समय को लौटते देखना चाहती हैं। पर वह गया हुआ समय है, जा चुका है। अब उसकी मधुमय पीड़ा भर शेष है। उन्हें अपनी चूकों का एहसास भी है। उससे पैदा हुई पीड़ा का भी। अकेलेपन का जो व्यथामय संगीत है, महादेवी उससे थक चुकी हैं और उनका स्वर आत्मनिवेदन में करुण और आर्त हो उठा है–

नहीं अब गाया जाता देव!
थकी अंगुली, हैं ढीले तार,
विश्व वीणा में अपनी आज
मिला लो यह अस्फुट झंकार!

कविता की अन्तिम पंक्ति में आया 'अस्फुट झंकार' ही वह भाव-कुहासा है जिसे 'नीहार' की यह कवयित्री रचती हैं। याद करें तो यह 'कुहासा' कोई पहली बार

नहीं रचा जा रहा है। हजारों बरस पहले इसे एक मुनि ने अपने प्रणय-व्यापार के लिए रचा था। इस कविता में भी जो पहला चित्र है, वह प्रणय-चित्र ही है–

राकेश जब चाँदनी के उजाले में निशा की
अलकों को खोलकर धो दिया करता था।

सब जानते हैं, कोई प्रिय अपनी प्रिया की अलकों को किस तरह धोता है, खोलकर। धोने से जैसे स्वच्छता और ताज़गी आती है, उसी तरह बँधी हुई केशराशि जब प्रिय के हाथों खोली और बिखेरी जाती है तब केशराशि मात्र नहीं, समूचा जीवन धन्य हो उठता है। निराला की कविता *प्रिय यामिनी जागी* की ये पंक्तियाँ देखें–'खुले केश, अशेष शोभा भर रहे/पृष्ठ, ग्रीवा, बाहु, उर पर तर रहे।'

बँधी की बँधी केशराशि अगर असफलता है तो उसका खुलना, सार्थकता। *लहर* में प्रसाद का एक शृंगार-गीत है 'बीती विभावरी जाग री!' उसकी अन्तिम पंक्तियाँ हैं–'अधरों में राग अमन्द पिये, अलकों में मलयज बन्द किये/तू अब तक सोई है आली, आँखों में भरे विहाग री।' यह जो आँखों का विहाग गीत है, उसका कारण वे बन्द अलकें हैं, जो प्रिय के अनागमन के चलते खोली ही नहीं गयीं। बँधी की बँधी ही रहीं।

महादेवी जब खुली हुई अलकों की याद कर रही हैं तब उसमें उस मधुमास की याद सबसे तीखी है जिसे कविता की अन्तिम पंक्तियों में वे देव कहकर सम्बोधित कर रही हैं। यह भी ध्यान जाता है कि जो प्रणय-परिवेश यहाँ चित्रित है, उसमें प्रिय अपने परिपूर्ण यौवन पर है, मधुमास है जबकि प्रिया अभी 'कली' मात्र है। सम्भवत: कैशोर्य के प्रथम चरण में है, या फिर मध्य चरण में। क्योंकि 'मधु मदिरा' का मोल तोल चल रहा है। कली को प्रणय-मदिरा में न तो भरपूर नशा होता है, न मधुरता। बिहारी ने इसे कह भी डाला–'अली कली ही सों विंध्यौ आगे कौन हवाल।' लेकिन इससे एक दूसरी बात यह तो पता चलती है कि प्रणय-विदग्ध रसिक जन भी कभी-कभार कलियों से बिन्ध जाया करते हैं। यहाँ भी स्थिति बहुत कुछ वैसी ही है।

कविता में अनुभवों का जो समय है, उसे भी इस पंक्ति में रेखांकित किया गया है–'गये तब से कितने युग बीत/हुए कितने दीपक निर्वाण/' 'युग' एक दीर्घ काल विस्तार है। और 'निर्वाण' यद्यपि बुझने का अर्थ दे रहा है, तथापि इसका पारम्परिक अर्थ तो गहरा और भारी दार्शनिक है। बौद्धों के यहाँ मोक्ष। लेकिन यहाँ तो आशाओं और उम्मीदों के न जाने कितने दीयों का प्रतीक्षा में जल-जल कर निराश हो बुझ जाना चित्रित है।

कवयित्री स्वीकार करती हैं कि प्रणय-व्यापार की कला शिक्षा में कहीं कोई चूक और खोट रह गयी। यह बोध उसे साल रहा है। किन्तु उसे वे सारी बातें भूलती नहीं जब सिखाने वाले संगीतकार की आँखें सीखने वाली की जिन्दगी में सपनों के जाल बिछा रही थीं। 'अधरों की मुस्कान' जैसे कोई बावड़ी हो जिसमें यह डूबकर मधुमय पीड़ा से भर उठी हो। या फिर प्रणय की व्याकुल कर देने वाली मधुर पीड़ा से।

कविता में प्रिय के लिए सबसे पहले 'राकेश' आया है, फिर 'मधुमास'। राकेश तो पूर्ण चन्द्र को ही कहते हैं। राका पूर्णमासी है। इसलिए नायक के नायकत्व में कोई कमी नहीं। उसने जो किया, उसके प्रति अनुग्रह का भाव भी यहाँ कुछ कम नहीं। लगता है, जैसे हम किसी रीतिकालीन अभिसार के अनुभव-लोक में जा पहुँचे हों।

प्रणय का जो संगीत यहाँ सिखाया जा रहा था, वह कली के कलीपन के चलते बार-बार 'बिछल' उठता था। यह 'बिछलना' यद्यपि प्रणय प्रसंग को और अधिक तीव्र किया करता है, किन्तु यहाँ तो वह 'कला' नहीं एक 'भूल' के रूप में वर्णित है। गो कि 'तुम्हें तब आता था करुणेश! उन्हीं मेरी भूलों पर प्यार' कह कवयित्री ने इसकी पुष्टि की है।

अगले छन्द में, इन्हीं भूलों के चलते वेदना सघन हो उठी है। पंखुड़ियों पर पड़ी हुई ओस की बूँदों को पागल हवा झटककर धूल में मिला दिया करती थी। ये वे आँसू थे जो जीवन की भूलों के सबब से पैदा हुए थे। चूक जाने से पैदा हुए थे। जीवन के संगीत को न समझने के चलते पैदा हुए थे।

तब इस छन्द में जिस 'जीवन-संगीत' का उल्लेख आया है, वह क्या है? कहीं वह प्रतिपल की तत्परता और सजगता ही तो नहीं? जीवन का सुख-संगीत जीवन की असावधानियों और चूकों में है या समय की तत्पर समझ और तदनुकूलता में। कविता यहाँ एक बड़े सन्देश में परावर्तित हो उठती है। उस कृतज्ञता का भी बोध कराती है जो जीवन का एक सौन्दर्य है।

भूल या असावधानी बड़ी बात नहीं है। बड़ी बात है उसे दुबारा फिर कभी न दुहराना और हमेशा के लिए सुधार लेना। भूलें स्वाभाविक हैं, किन्तु उससे कहीं अधिक स्वाभाविक है उनका संस्कार। कविता की अन्तिम पंक्तियों में यह अनुरोध स्पष्ट है–'मिला लो यह अस्फुट झंकार।' आत्म-विसर्जन से भरा यह अनुरोध ही तो कविता का सार वक्तव्य है। बाकी सब तो कथा-कहानी, विवरण और विश्लेषण आदि। जान पड़ता है, कविता जैसे किसी चूक के परिमार्जन के लिए लिखी गयी हो, बतौर अनुरोध-पत्र के।

फिर भी इसमें बहुत कुछ 'नीहार' जैसा है। एक धुँधलके जैसा। इस धुँधलके को ही अगर हम कविता का एक सौन्दर्य मान लें तो भी क्या?

देखना होगा कि 1924-25 से लेकर 1928-30 तक का जो राष्ट्रीय सामाजिक जीवन है क्या वह धुँधलके का है? क्या अन्य सारे साथी कवि इसी धुँधलके के कवि हैं? मसलन प्रसाद, निराला, पन्त या फिर मैथिलीशरण गुप्त, माखनलाल चतुर्वेदी आदि या महादेवी के साथ आने वाले बच्चन, भगवतीचरण वर्मा आदि?

याद करें तो प्रसाद का *झरना* और *आँसू* 1926 तक आ जाते हैं। पन्त का *पल्लव* भी 1926 में आता है। निराला ज़रूर *अनामिका* पुस्तिका के बाद अपना पहला क्रान्तिकारी संग्रह *परिमल* 1929 में लेकर आते हैं पर कविताओं के प्रकाशन की दृष्टि से वे पन्त से पीछे तो नहीं हैं।

अब एक ओर *झरना, आँसू, पल्लव* और *परिमल* जैसे संग्रह हैं, दूसरी तरफ़ *नीहार*। लगता है, ये चेतना और अनुभव जगत् के दो छोर हैं। एक तरफ़ आवेगों के झरनों का विस्फोट है, कल्पनाओं की उड़ानें हैं, विचारों का ऐतिहासिक तेज़ है तो दूसरी ओर एक कवयित्री का वह एकान्त अनुभव-लोक जिससे वह ख़ुद ही जूझ रही है। उसकी समस्याएँ भी बेहद निजी लग रही हैं। किन्तु बेहद स्वाभाविक।

इस पहली ही कविता में चाँदनी, मधुमास, कली, संगीत, वीणा, तार, संगीत-शिक्षक, उसकी अनुगता शिष्या, अभ्यास की फिसलनें और नाकामियाँ, इनसे पैदा हुआ पश्चाताप-बोध, परिमार्ज़न की कोशिशें और अन्ततः आत्मविसर्ज़न का प्रस्ताव। यह सब दो के बीच सिमटा हुआ भाव-संवाद ज़रूर है, किन्तु पुरुष-स्वर और उसका पक्ष खामोश है। यह और बात है कि कवयित्री ने अपने पक्ष को रखते हुए उसे जिस प्रकार याद किया है, उसमें आत्म-समीक्षा का अंश ही प्रमुख हैं। आत्मगाथा ही यहाँ काव्य-गाथा है।

प्रश्न उठता है कि कवयित्री ने जो राह यहाँ पकड़ी है, वह क्या वही है, जो निराला या पन्त की है? सामाजिक, आर्थिक प्रश्न या फिर राजनीतिक? यों तो कविता की कोई भी राह अन्ततः केवल एक व्यक्ति की राह नहीं कही जाती जिसे हम 'कवि' कहते हैं। कविता का 'पर्सनल' और 'सीक्रेट' माना जाने वाला अनुभव भी अन्ततः पाठकों का अपना ही अनुभव बनता है, जिसके बग़ैर वह सम्भव ही नहीं। ऐसा अगर हो तो वह एक निजी चिट्ठी भर बचेगी जबकि महादेवी की कविता भले ही वह कुछ चुनिंदा पाठकों के लिए ही सही–फिर भी उन्हें नकारती नहीं। आत्म संवाद होकर भी वह एक ऐसा स्वप्नलोक रचती है जिसमें कुंज हैं, भौंरे और तितलियाँ हैं। फूल हैं, मेघ हैं, घटाएँ हैं, वातास है, रात के आँसू और दिन की मुस्कानें हैं। और वह 'दीपक' भी जो आगे चलकर उनके काव्य-व्यक्तित्व का पर्याय हो उठता है। इस दीपक का जलना, बुझना, इसकी खामोशी और इसका संघर्ष, प्रतीक्षा की आतुर उत्कण्ठा, आदि-आदि।

गौर करें तो महादेवी यहाँ आकांक्षाओं और सपनों के एक रंगारंग संसार से हमारा परिचय कराती हैं–'पल्लव के डाल हिंडोले/सौरभ सोता कलियों में;/ छिप-छिप किरणें आतीं जब/मधु से सींची गलियों में कन कन में जब छाई थी/वह नवयौवन की लाली/मैं निर्धन तब आयी ले/सपनों से भरकर डाली।'

यहाँ संवेदनाओं और सपनों की भरमार है। छूना है, मचलना है, चुम्बन हैं, मादकता और आलिंगन भी–

शशि को छूने मचली-सी
लहरों का कर कर चुम्बन
बेसुध तम की छाया का
तटनी करती आलिंगन (पृष्ठ ९)

महादेवी का यह संसार जितना सुखमय है उतना ही दुखमय भी। सुख और दुख का यह संयुक्त काव्य है जिसमें सुख की प्रचुरता का अगर कोई अन्त नहीं है तो दुख के आगम का भी कोई ठिकाना कहाँ? न जाने वह कब आ जाये। शायद सुख के रहते-रहते ही आ धमके।

कविता यहाँ हमें एक ऐसे जीवन-बोध के पास ले जा खड़ी करती है, जिससे हम रोज-रोज अपनी निगाह मिलाते रहते हैं। यह एक प्रकार का दार्शनिकीकरण है और रहस्य तो बिल्कुल नहीं।

आर्य या वैदिक परम्परा संसार को आनन्दमय मानती हैं। दर्शन की पदावली में आत्मवादी परम्परा आनन्दमय तो अनात्मवादी परम्परा दुखमय मानती है। महादेवी ने दोनों ही परम्पराओं से जैसे अपना अनुभव सम्बन्ध बना लिया है। इसलिए, कभी-कभी यह भी सोचना पड़ जाता है कि वे आनन्दवाद में यक़ीन रखती हैं या अनात्मवाद में। या इन दोनों के किसी ऐसे सन्धिस्थल में जहाँ कविता और कवि इनका अतिक्रमण कर जाते हैं।

महादेवी को पढ़ते हुए हम पहुँचते तो इसी निष्कर्ष पर हैं कि भले ही जीवन का सत्य दुखमय हो, किन्तु उसकी कामनाएँ तो खूबसूरत सपनों की भीड़ से भरी हुई हैं। *रश्मि* के एक गीत में वे जीवन का जो चित्र खींचती हैं, वह बौद्धों के दुखवाद और क्षणवाद से भरा है–

सिकता में अंकित रेखा-सा;
वात-विकंपित दीपशिखा-सा;
काल-कपोलों पर आँसू-सा
दुल जाता हो म्लान!

हिन्दी कविता में यद्यपि यह कोई नया जीवन बोध नहीं है। कबीर आदि कवियों ने 'पानी केरा बुदबुदा अस मानुस की जात' लिखकर जीवन और मृत्यु की लुका-छिपी का खेल दिखाया है। इससे यह भी कभी-कभी सोचने का मन करता है कि इस प्रकार के काव्य-बोध को बौद्धों के दुखवाद में क्यों डालें? वैदिकों के आनन्दवाद (आत्मवाद) और बौद्धों के दुखवाद (अनात्मवाद) का जो सम्मिलित असर जीवन पर पड़ा वह इतना घुल-मिल चुका है कि कविता उसे जीवन के एक और बोध के रूप में ही ग्रहण और व्यक्त करती है। शाश्वत और क्षणिक का यह दुहरा यथार्थ ही वस्तुत: उसका काव्य-सत्य है। इसलिए महादेवी मूलभूत सवाल उठाती हैं–'दिया क्यों जीवन का वरदान?'

इसमें है स्मृतियों का कंपन;
सुप्त व्यथाओं का उन्मीलन,
स्वप्नलोक की परियाँ इसमें
भूल गयीं मुस्कान!

गीत को पढ़ चुकने के बाद जो अर्थ अनुगूँज हमें सुनाई देती है, वह आनन्द की विकल तलाश की ही है। स्वप्नलोक की कलियों का अपनी मुस्कान भूल जाना, मात्र एक घटना विवरण नहीं हैं, समय और जीवन का बड़ा हादसा है। और इसे 'हादसे' के रूप में ही व्यक्त किया गया है, आकांक्षित स्वप्न की तरह नहीं।

इसका प्रमाण हमें कवयित्री की ये पंक्तियाँ देती हैं, जो कुछ पहले की हैं–

जो तुम आ जाते एक बार!
हँस उठते पल में आर्द्र नयन
धुल जाता ओठों से विषाद,
छा जाता जीवन में वसन्त
लुट जाता चिर संचित विराग;
आँखें देतीं सर्वस्व वार!

कविता के पहले बन्ध में ये पंक्तियाँ भी हैं–'गाता प्राणों का तार-तार/अनुराग भरा उन्माद राग।'

सच्चाई तो यही है कि महादेवी की गहरी आकांक्षा जीवन के इसी 'उन्माद राग' को गाने की है, न कि क्षणभंगुरता की चपेट में आ जाने की। पर वे इस आश्वस्ति का अनुभव कभी नहीं कर पातीं, क्योंकि उनका पहला और बुनियादी अनुभव वियोग का ही है। प्रणयजन्य चूकों और उससे पैदा हुई असफलताओं की टीसों का है। अब कोई इन्हें बौद्धों का दुखवाद और क्षणवाद कहना चाहे तो कहता रहे!

महादेवी इतना छिपाती क्यों हैं?

महादेवी के यहाँ 'अवगुण्ठन' एक शब्द है। कोशकारों ने इसके जो अर्थ किये हैं उसमें सबसे पहला है–घूँघट निकालना। दूसरा है–छिपाना और तीसरा है–बुर्का ओढ़ना। ये सब लगभग समानार्थी ही हैं। कुल मिलाकर छिपाना या परदेदारी करना। महादेवी क्या छिपाती हैं या परदे में क्या रखना चाहती हैं. किसको परदे में रखने का कौशल ढूँढती हैं इसकी चर्चा बाद में, पर यह है तो उनका बुनियादी स्वभाव ही।

अपनी जीवन सखी सुभद्रा (कुमारी चौहान) पर लिखते हुए वे याद करती हैं–'एक सातवीं कक्षा की विद्यार्थिनी, एक पाँचवीं कक्षा की विद्यार्थिनी से प्रश्न करती है, 'क्या तुम कविता लिखती हो?' दूसरी ने सिर हिलाकर ऐसी अस्वीकृति दी जिसमें 'हाँ' और 'नहीं' तरल होकर एक हो गये थे। प्रश्न करने वाली ने इस स्वीकृति-अस्वीकृति की सन्धि से खीझकर कहा, 'तुम्हारी क्लास की लड़कियाँ तो कहती हैं कि तुम गणित की कॉपी तक में कविता लिखती हो। दिखाओ अपनी कॉपी' और उत्तर की प्रतीक्षा में समय नष्ट न कर वह कविता लिखने की अपराधिनी को हाथ पकड़कर खींचती हुई उसके कमरे में डेस्क के पास ले गयी। नित्य व्यवहार में आने वाली गणित की कॉपी को छिपाना सम्भव नहीं था, अत: उसके साथ अंकों के बीच में अनधिकार सिकुड़कर बैठी हुई तुकबंदियाँ अनायास पकड़ में आ गयीं।

अब ज़रा महादेवी के ही शब्दों में आगे भी सुनिए–

'उस युग में कविता-रचना अपराधों की सूची में थी। कोई तुक जोड़ता है, यह सुनकर ही सुनने वालों के मुख की रेखाएँ इस प्रकार वक्र-कुंचित हो जाती थीं मानो उन्हें कोई कटुतिक्त पेय पीना पड़ा हो।'

'ऐसी स्थिति में गणित जैसे गम्भीर महत्त्वपूर्ण विषय के लिए निश्चित पृष्ठों पर तुक जोड़ना अक्षम्य अपराध था। इससे बढ़कर काग़ज़ का दुरुपयोग और विषय का निरादर और हो ही क्या सकता था। फिर जिस विद्यार्थी की बुद्धि अंकों के बीहड़

वन में पग-पग उलझती है उससे गुरु यही आशा रखता है कि वह हर साँस को अंक जोड़ने-घटाने की क्रिया बना रहा होगा।' पर जो तुकबन्दी जैसे कार्य से बुद्धि की धार गोठिल कर रहा है वह तो पूरी शक्ति से दुर्बल होने की मूर्खता करता है, अतः उसके लिए न सहानुभूति का प्रश्न उठता है, न क्षमा का।'

किन्तु सुभद्रा जी ने जो कहा, वह इन सबसे ऊपर था-'अच्छा तो लिखती हो। भला सवाल हल करने में एक, दो, तीन जोड़ लेना कोई बड़ा काम है।' महादेवी बयान करती हैं–'मेरी चोट अभी दुख रही थी, परन्तु उनकी सहानुभूति और आत्मीय भाव का परिचय पाकर आँखें सजल हो आईं।' 'तुमने सबसे क्यों बताया?' का सहर्सा उत्तर मिला–'हमें भी तो यह सहना पड़ता है। अच्छा हुआ अब दो साथी हो गये।'

महादेवी और उनकी सखी सुभद्रा कुमारी चौहान उस युग की इन्हीं अपराधिनियों में से थीं। बीसवीं सदी के उत्तरार्द्ध में जब हम अमृता प्रीतम, कमलादास, माधवी देसाई, मैत्रेयी पुष्पा, बेबी हालदार, तसलीमा, निर्मला पुतुल और कई अन्य को पढ़ते हैं तो यह अनुभव कर पाना और आसान हो उठता है। सुभद्रा जी की जीवन-कथा के जानकारों को पता है कि उनकी सास उन्हें क्या-क्या कहती रही हैं जबकि सुभद्रा जी का जीवन राष्ट्रीय आन्दोलन से गहरे स्तर पर जुड़ा हुआ था और उनका संवेदना-लोक भी महादेवी की तरह अति वैयक्तिक और रहस्यपरक नहीं था। सुभद्रा जी प्रेम की कवयित्री नहीं हैं फिर भी उन्हें 'सहना' तो पड़ता था।

जिस काल-खण्ड में भारतीय स्त्री इस वर्जित जीवन क्षेत्र में प्रवेश कर रही थी, वह वही है जिसमें निराला की *जुही की कली* जैसी रचनाएँ बार-बार लौटाई गयीं। प्रसाद मधुचर्या के कवि कहे गये। उस काल-खण्ड में महादेवी जैसों का व्याकुल प्रणय-भाव लेकर आना, तब आसान कैसे रहा होगा?

महादेवी के साथ अपनी काव्य-यात्रा की शुरुआत करने वाले कवियों में, ख़ासतौर से बच्चन ने जो प्रणय गीत लिखे, उनके प्रति उस समय के कथित समाज ने कहाँ कोई रियायत दिखाई? दिखाई होती तो बच्चन को यह लिखने की ज़रूरत क्यों पड़ती–'हो अगर कोई न सुनने को, न अपने आप गाऊँ? पुण्य की मुझमें कमी है, तो न अपने पाप गाऊँ?' यही कवि यह भी लिखता है-यह वह पाप जिसे करने से/भेद भरा परलोक डराता/यह वह पाप जिसे कर कोई/कब जग के दृग से बच पाता/ यह वह पाप झगड़ती आयी/जिससे बुद्धि सदा मानव की/यह वह पाप मनन भी जिसका कर लेने से मर शरमाता/कवि आगे लिखता है–'तन सुलगा, मन द्रवित, भ्रमित कर बुद्धि, लोक, युग सब पर छाता/हार नहीं स्वीकार हुआ तो प्यार रहेगा ही अनजाना। प्यार, जवानी, जीवन इनका जादू मैंने सब दिन माना।'

बच्चन की यह बेबाकी और साफ़गोई उन्हें अपने समकालीनों से अलग करती और विशिष्ट बनाती है। यह बच्चन ही थे जिनकी जवानी पर लांछन लगाए गये और यह भी बच्चन ही थे जिन्होंने ललकार की शैली में कहा–'वृद्ध जग को क्यों अख़रती है क्षणिक मेरी जवानी।'

यह राजनीतिक तौर पर तिलक और गांधी का युग था। आगे-पीछे महावीर प्रसाद द्विवेदी और रामचन्द्र शुक्ल का साहित्यिक युग भी। प्रेमचन्द और प्रसाद की असहमतियों का भी कुछ कम नहीं, किन्तु मैथिलीशरण गुप्त की मर्यादाओं और प्रसाद की स्वच्छन्दताओं का युग भी। महादेवी के काव्य-व्यक्तित्व की रचना में इतने सारे संयोगों और दबावों का सुनिश्चित योग है।

अगर कुछ देर के लिए हम महादेवी की कविता से रहस्यवाद को दूर रख सकें तो यह कहने की गुंजाइश मिल पाती है कि उनकी कविता भी बच्चन के मुहावरे में इसी *'पाप'* यानी सुलगते तन, पिघलते मन और चकराती हुई बुद्धि की कविता है। यह *'जादू'* बच्चन पर ही नहीं, महादेवी पर भी छाया हुआ है–

मेरी आहें सोती हैं/इन ओठों की ओटों में,
मेरा सर्वस्व छिपा है/इन दीवानी चोटों में,
अपने इस सूनेपन की, मैं हूँ रानी मतवाली
प्राणों का दीप जलाकर करती रहती दीवाली

यही कवयित्री यह भी याद करती हैं–

हाला-सी, हलाहल-सी, बह गयी अचानक लहरी,
डूबा जग भूला तन मन आँखें शिथिलाई सिहरीं!
बेसुध से प्राण हुए जब छूकर उन झंकारों को,
उड़ते थे, अकुलाते थे चुम्बन करने तारों को!
उस मतवाली वीणा से जब मानस था मतवाला
वे मूक हुईं झंकारें वह चूर हो गया प्याला!

महादेवी की इन पंक्तियों में *आँसू* के कवि की सघन अनुगूँजें तो हैं ही, हाँलाकि काव्य के भी अनुध्वनन कम नहीं हैं।

मादकता से आए तुम संज्ञा से चले गये थे
हम व्याकुल पड़े बिलखते थे, उतरे हुए नशे से
विस्मृति है, मादकता है/मूर्च्छना भरी है मन में
कल्पना रही, सपना था/मुरली बजती निर्जन में

–आँसू से

महादेवी लिखती हैं-'हो गयीं कहाँ अन्तर्हित सपने लेकर वे रातें/जिनका पथ आलोकित कर बुझने जाती हैं आँखें।' *आँसू* के कवि की तरह तुक भी वे व्यंजन का नहीं, स्वर का ही लगाती हैं।

उस युग में ऐसे काव्य-रसिकों की कमी नहीं थी जो *आँसू* को भी अलौकिक और रहस्यवादी मानते थे। पर प्रसाद के ख्यात आलोचकों ने हमेशा ही उसे मानवीय विरह का काव्य कहा। शुक्ल जी ठीक ही कहते हैं कि 'काव्यानुभूति ही वह प्रधान वृत्ति है जो व्यंजना की प्रेरणा करती है।' इस काव्यानुभूति को कभी-कभी कुछ लोग दिव्य कह बैठते हैं। शुक्ल जी लिखते हैं-'रसानुभूति या काव्यानुभूति की उपर्युक्त विशेषता के कारण उसे लोकोत्तर, जीवन से परे आदि कहने की चलन चल पड़ी है। वास्तव में वह जीवन के भीतर की ही अनुभूति है, आसमान से उतरी हुई कोई वस्तु नहीं।'

अगर कवि की अनुभूति और जीवनानुभूति में कोई सम्बन्ध और ताल-मेल नहीं है तब तो सब का सब कपोल कल्पना है। गप्प है। किन्तु कविता भी क्या गप्प है? क्या उसमें कोई गहरा जीवन-मर्म और बोध नहीं? शुक्ल जी अपने *काव्य में 'रहस्यवाद'* वाले इसी निबन्ध में लिखते हैं–'कविता जीवन ही से उत्पन्न है और जीवन के भीतर ही अपनी विभूति का प्रकाश करती है। उसे जीवन से विच्छिन्न बताना कहीं की बात कहीं लगाना है।'

इसी तर्क से महादेवी की कविता भी उनके जीवन की उपज है। एक ऐसे जीवन जो इन्द्रधनुषी जिजीविषाओं से भरा हुआ है। अगर नहीं होता तो एक साथ इतनी साधें, सपने, कामनाएँ उसमें हिलकोरे कैसे लेते? महादेवी बाकायदा इनका सविस्तृत बयान करती हैं–

हँस उठते पल में आर्द्र नयन
धुल जाता ओठों से विषाद,
छा जाता जीवन में वसन्त
लुट जाता चिर संचित विराग;
आँखें देतीं सर्वस्व वार!

जो तुम आ जाते एक बार! गीत की ये पंक्तियाँ बहुत कुछ कहती हैं, इतना कि *गाता प्राणों का तार-तार/अनुराग भरा उन्माद राग, जो तुम आ जाते एक बार*। निस्सन्देह अपने उत्तरवर्ती गीतों में वह यह कहने की मानसिकता भी अर्जित कर सकी हैं कि अब तो प्रेयसी-प्रियतम के अभिनय की भी कोई ज़रूरत नहीं बची।

चित्रित तू मैं हूँ रेखाक्रम,
मधुर राग तू मैं स्वर-संगम,
तू असीम मैं सीमा का भ्रम,
काया छाया में रहस्यमय!
प्रेयसि प्रियतम का अभिनय क्या!

इसे हम कवि-मानस का स्वाभाविक विकास कह सकते हैं, ठीक दर्द *बन जाता है दवा हद से गुज़रने के बाद* की शैली में। यह शुक्ल जी जैसे रहस्यवाद विरोधियों को अच्छा ही लगेगा, क्योंकि वे मानते हैं कि कवियों में *स्वाभाविक रहस्य भावना* चलती है–'छायावाद का रूप-रंग बनाकर आजकल जो बहुत-सी कविताएँ निकलती हैं उनमें कुछ तो बहुत ही सुन्दर, स्वाभाविक और सच्ची रहस्य भावना लेकर चली हैं, कुछ वादग्रस्त और कृत्रिम हैं और अधिकांश कुछ भी नहीं हैं। शुद्ध काव्य-दृष्टि का प्रचार हो जाने पर पूर्ण आशा है कि कूड़े-करकट के ढेर में सच्ची-स्वाभाविक रहस्य भावना अपना मार्ग अवश्य निकाल लेगी और हिन्दी-काव्य क्षेत्र की यह शाखा भी अपनी एक स्वतन्त्र भारतीय विभूति का प्रकाश करेगी।'

अपने इतिहास में यही शुक्ल जी महादेवी वर्मा पर सोल्लास लिखते हैं– 'छायावादी कहे जाने वाले कवियों में महादेवी वर्मा जी ही रहस्यवाद के भीतर रही हैं।' उनका यह वाक्य भी हमारा ध्यान खींचता है-'वेदना से इन्होंने अपना स्वाभाविक प्रेम व्यक्त किया है, उसी के साथ वह रहना चाहती हैं। उसके आगे मिलन-सुख को भी वे कुछ नहीं गिनतीं।' शुक्ल जी से तब यह पूछने का मन करता है कि अगर वे सुख को कुछ नहीं गिनती तो सुख के सपनों को वे इतना सजाती क्यों हैं? यह महादेवी का ही तो गीत है–'मैं पलकों में पाल रही हूँ यह सपना सुकुमार किसी का'। या फिर मुस्काता संकेत-भरा नभ/अलि क्या प्रिय आने वाले हैं?

'मोती बिखराती नूपुर के छिप तारक परियाँ नर्तन कर/हिमकण पर आता-जाता। मलयानिल परिमल से अंजलि भर/भ्रान्त पथिक से फिर फिर आते/विस्मित पल क्षण मतवाले हैं? अलि क्या फिर आने वाले हैं?' आगे जरा महादेवी की व्याकुलता और उल्लास का प्रतिबिम्बन देखें–

श्रवणमय श्रवण नयनमय आज हो रही कैसी उलझन!
रोम रोम में होता री सखि एक नया उर का-सा स्पन्दन!
पुलकों से भर फूल बन गये
जितने प्राणों के छाले हैं।

पुलकों के चलते प्राणों के छालों का फूल में बदल जाना साधारण अनुभव-व्यापार नहीं है। आँखों का कान और कानों का आँख बन जाना तो घनानन्द आदि कवियों में भी है।

सच तो यह कि महादेवी की वियोगिनी भी सैकड़ों अन्तर्दशाओं में भटकती है, ठीक सूर की गोपियों की तरह। पता नहीं शुक्ल जी को ये अन्तर्दशाएँ क्यों सिर्फ़ रहस्यवाद लगती हैं, जीवन की स्वाभाविक अनुगूँजें नहीं? यह तो महादेवी ही हैं जो लिखती हैं–'घोर घन की अवगुण्ठन डाल/करुण-सा क्या गाती है रात? यही क्या है अनन्त की राह?'

उनकी इन पंक्तियों को पढ़ चुकने के बाद उन्हीं के शब्दों में तब हम पाठकों को भी यह मानना पड़ता है–'प्रिय! मैं हूँ एक पहेली भी!'–

जितना मधु जितना मधुर हास
जितना मद तेरी चितवन में
जितना क्रन्दन जितना विषाद
जितना विष जग के स्पन्दन में,
पी पी मैं चिर दुख-प्यास बनी
सुख-सरिता की रंगरेली भी

(यामा, पृष्ठ 179)

महादेवी ने इस *पहेली* को जितने कौशल से रचा है, वह वही कर सकती थीं। पर वह इसे पहेली बनाकर स्थायित्व भी सौंपना चाहती हैं। *नीरजा* में उनका एक और गीत है–*मत अरुण घूँघट खोल री!*

पलक सीपें नींद का जल/स्वप्न मुक्ता रच रहे मिल;
हैं न विनिमय के लिए/स्मित से इन्हें मत तोल री!

इसी गीत में एक पंक्ति यह भी है–*लाज से गल जायेंगे/मत पूछ इनसे मोल री!*

व्यक्तित्व और रचना का सम्बन्ध पर विचार करते हुए मुक्तिबोध लिखते हैं–'साहित्य बहुत कुछ हद तक एक धोखा है। ख़ुद को भी धोखा और दुनिया भर को धोखा।' प्यारे पाठकों! यदि इस बात को नहीं समझोगे तो अपना ही नुकसान करोगे। फिर आगे वे लिखते हैं–'यह भी कहा जा सकता है कि वह रोल कवि का एक सधा हुआ मनोवैज्ञानिक विक्षेप है। भोक्ता और कलाकार के बीच जो एक आन्तरिक सम्बन्ध है, वहीं इस रोल का स्थान है। इसीलिए वह एक नकाब नहीं है–जैसा कि स्वयं घोषित मार्क्सवादी आलोचक लांछन लगाते हैं। नकाब होती तो वह उतरती भी। कृतिकार अपने को या दुनिया को धोखा देना नहीं चाहता। उसका

वह उद्देश्य नहीं है। लेकिन धोखा उत्पन्न हो जाता है। जितना बड़ा धोखा उत्पन्न होगा, वह उतना बड़ा कलाकार भी माना जायेगा।'

इसी निबन्ध में वे महादेवी पर भी आते हैं–'महादेवी वर्मा तो साफ़ कहती हैं कि उनका जीवन दुख-कष्टग्रस्त नहीं रहा है। फिर भी, उनका काव्य बड़ा है। यह तथ्य इस बात का प्रमाण है कि वह जान-बूझकर किया गया बनतूपन नहीं है। वह बनतूपन है ही नहीं। वह एक रोल है। उस रोल अदायगी के पीछे लेखक का अपना एक निजी स्थायी भाव है। यह केन्द्रिय स्थायी भाव अनेक रूप धारण कर प्रकट होता है। हमारे लिए अनुसन्धान का विषय यह होना चाहिए कि इस स्थायी भाव का लेखक के व्यक्तित्व और मनोरचना से क्या सम्बन्ध है।' मुक्तिबोध लिखते हैं–'हो सकता है कि यह स्थायी भाव लेखक के मन की सिर्फ़ एक गुत्थी ही हो। और चूँकि वह एक गुत्थी है, इसलिए वह अनेक विभ्रम और विक्षेप उत्पन्न करती हो।'

महादेवी ऐसा नहीं करतीं, यह कैसे कहा जा सकता है।

कमल दल पर किरण-अंकित चित्र हूँ मैं

महादेवी का कल्पना लोक एक ऐसे निसर्ग की ख़ोज और पुनर्रचना है जिसकी अन्त:क्रियाओं और आत्म-व्यवहार के पल-पल पर निगाह टिकाए रखने की ज़रूरत है। डिस्कवरी आदि चैनलों में जिस तरह एक कैमरा किन्हीं गतिविधियों का सतत अध्ययन करता रहता है, महादेवी की काव्य-दृष्टि भी इतनी ही अव्याहत और अविरत है। उसमें प्रकृति के मन के गहरे स्तरों तक उतर जाने की अनूठी क्षमता है। वह केवल प्रकृति के रूप को नहीं, उसके विराट अन्त:संसार को भी पकड़ लेती है।

छायावाद के कवियों में प्रकृति से सबसे ज़्यादा सगापन कवि पन्त का माना जाता है। वे उसे घर के सदस्य की तरह जानते हैं। सखा-सहेली की तरह भी। यहाँ तक कि प्रकृति के उदार नारीत्व से एकमेक होकर उन्हें बेहद सुख मिलता है। वे उसके रंगीन गतिमय संसार में इतने डूब से गये हैं कि कभी-कभी उनकी अपनी सत्ता, जैसे कोई सत्ता ही नहीं जान पड़ती। किन्तु जैसे ही उनका कवि वयस्क होने की राह पर आता है, मानव-जीवन की समस्याएँ और उनके समाधानकारक विचार अहम हो उठते हैं। स्वाभाविक कल्पना के पथ से बिछलकर कवि का इस तरह बौद्धिक हो उठना, युग के आलोचकों की दृष्टि में दुर्घटना ही लगा। सच बात यह कि पन्त के बुनियादी काव्य-स्वभाव में बाह्य परिस्थितियों का प्रत्यक्ष हस्तक्षेप उसी तरह प्रबल हो उठा, जैसा कि उनके वरिष्ठों में मैथिलीशरण गुप्त और प्रेमचन्द के यहाँ हुआ था।

अपने इन दोनों वरिष्ठों की तरह कवि पन्त भी पहले तो राष्ट्रीय आन्दोलन के महानायक गांधी और बाद में मार्क्स और अरविन्द जैसे विचारकों के प्रभाव में आते गये। कल्पना के धुर संसार से निकलकर विचार के वस्तु-जगत् में आने को उन्होंने अपने कवि का एक ऐतिहासिक मोड़ घोषित कर डाला।

इससे कवि की कविता की स्वाभाविक विकास प्रक्रिया बाधित हुई और उसने बहुत कुछ ऐसा लिखा जिसे समकालीन और परवर्ती आलोचकों की तीखी आलोचनाओं की मार सहनी पड़ी। पन्त का यह मानसिक विच्छेद हिन्दी कविता की एक दुखद दुर्घटना ही रहा। प्रश्न प्रकृति से नाता तोड़ने का नहीं था। प्रकारान्तर से कवि ने अपने उस आधारभूत काव्य-स्वभाव से ही सम्बन्ध-विच्छेद कर लिया था, जो उसका ऊर्जा स्रोत और शक्ति केन्द्र था।

अगर कवि-व्यक्तित्व भी उसी विराट निसर्ग की देन और हिस्सा है तो वह उन बुनियादों को छोड़ नहीं सकता जिन पर उसकी सृजनशील प्रतिभा की इमारत खड़ी है। पन्त ने ऐसा करके अनजाने ही आत्मघात-सा कर लिया था, जिसका एक प्रमुख कारण वह सम्भावित/बौद्धिक युग था, जिसके सामने इस महान् सम्भावनाओं वाले कवि ने अनजाने में ही घुटने टेक दिये थे।

यही कवि *पल्लव* की भूमिका में लिख चुका था–'कविता हमारे परिपूर्ण क्षणों की वाणी है। हमारे जीवन का पूर्ण रूप हमारे अन्तरतम प्रदेश का सूक्ष्माकाश ही संगीतमय है; अपने उत्कृष्ट क्षणों में हमारा जीवन छन्द ही में बहने लगता, उसमें एक प्रकार की सम्पूर्णता, स्वरैक्य तथा संयम आ जाता है। उसी के अनुसार समूची प्रकृति का अश्रान्त नर्तन एक अनन्त छन्द और अखण्ड संगीत में गूँजने लगता है।' आश्चर्य है कि ऐसी धारणा का उद्घोषक कवि बाद के दिनों में जैसे आत्मविस्मृत-सा हो उठा। इससे हिन्दी कविता का भी कोई कम नुकसान नहीं हुआ। प्रकृति की विविध रूपमयता तो गयी ही, वह अनन्त रूपात्मक जीवन भी उसकी कविता में विचार बनकर रह गया।

तब क्या महादेवी कवि पन्त की तरह प्रकृति की कवयित्री हैं और इसीलिए यह सन्दर्भ यहाँ स्वाभाविक रूप से आ गया है? कहना होगा नहीं। पर महादेवी की कविता से प्रकृति को दरकिनार करके देखना किसी भी रूप में सम्भव नहीं। प्रकृति को वे जैसे अपनी भावनाओं की प्रतिच्छवि के रूप में ही अनुभव करती हैं। यह शक्ति उन्हें प्रकृति ने दी है या उनकी काव्य-प्रतिभा ने प्रकृति के इन रूपों और गतियों का काव्यानुसन्धान किया है, इस पर विचार करने की ज़रूरत है।

कहा जाता है कि पन्त प्रकृति की कोमलता, प्रसाद रमणीयता और निराला उसकी शक्ति के कवि हैं। बात महादेवी की आयेगी तो कहा जा सकता है कि वे प्रकृति की आत्मा की विभिन्न छटाओं की कवयित्री हैं। प्रकृति न मदद को आगे आये तो महादेवी कदम-कदम पर गूँगी हो उठेंगी 'निशा की, धो देता राकेश चाँदनी में जब अलकें खोल/कली से कहता था मधुमास बता दो मधु मदिरा का मोल' जैसे

यामा के पहले गीत से लेकर *दीपशिखा* के आख़िरी गीतों-सजल है कितना सबेरा आदि-तक प्रकृति उनकी आत्मीय संगिनी है। उमड़ने वाली बदली से लेकर, मेघ-सी घिर झर पड़ने वाली महादेवी का साथ प्रकृति ने कभी छोड़ा नहीं है। प्रकृति से ऐसा जन्मजात सगापन और आत्मीयता प्रकृति और कविता के असाधारण सम्बन्धों की कहानी कहते हैं। प्रकृति यहाँ कभी चुकती नहीं है। कवि-प्रतिभा कभी थकती नहीं है। प्रकृति उनकी कविता की संजीवनी तो कविता प्रकृति की साँस-साँस की सबसे गहरी, मार्मिक और आत्मीय भाषा है।

इसी सन्दर्भ में *नीरजा* के जिस कल्पना-बिम्ब ने बरबस मेरा ध्यान खींच लिया वह यह है–'कमलदल पर किरण-अंकित चित्र हूँ मैं क्या चितेरे?' कमल और किरण का सम्बन्ध सबको पता है, पर यह कहाँ पता था कि किरणें कैसे-कैसे चित्र इन कोमल पंखुड़ियों पर आँका करती हैं। वह कौन-सी आँख है जो इसे देख पा रही है? क्या वह सामान्य संवेदनों की आँख है या फिर एक विरल और अद्वितीय निगाह जो बीसवीं सदी के चौथे-पाँचवें दशक में सिर्फ़ महादेवी के यहाँ उनकी अपनी साधना के बल पर विकसित हो सकी है?

अगर महादेवी के काव्य में रहस्यवाद आदि सन्दर्भों को एक तरफ़ रखकर उनके इन संवेदनाओं पर विचार कर सकें तो इस निष्कर्ष पर पहुँच पाना हमारे लिए कठिन नहीं होगा कि कविता की बुनियादी ज़मीन संवेदन हैं, विचार नहीं। विचारों की सत्ता तो आटे में नमक की तरह होती है जिससे कविता का समूचा सौन्दर्य-विधान आस्वादपरक और लोकोपयोगी हो उठा करता है। सब जानते हैं, जो नमक में आटा गूँथते हैं उसमें न तो स्वाद की खूबसूरती होती है, न वह उपयोगिता, जिससे पाठक-समाज का कोई हित सधता है।

किन्तु महादेवी की कविता निरी कल्पनावादी कविता नहीं है। हाँ, वह ऐसी कविता ज़रूर है जहाँ जीवन और प्रकृति अविच्छिन्न हैं। और इतने कि विच्छिन्नता की स्थिति में दोनों आभा ही नहीं, अपनी प्राण ऊर्जा भी खो सकते हैं।

प्रकृति और मानव-जीवन का यह संयुक्त भाव-संसार ही महादेवी का विशिष्ट काव्य-संसार है। जब वे संवेदनाओं के रोमांचकारी जगत् के चित्रण पर उतरती हैं, तब उनकी कला अपने चरम पर जा पहुँचती है–

सकुच सलज खुलती शेफाली,
अलस मौलश्री डाली डाली;
बुनते नव प्रवाल कुन्जों में
रजत-श्याम तारों से जाली

शिथिल मधु-पवन, गिन-गिन मधु-कण,
हरसिंगार झरते हैं झर झर!
आज नयन आते क्यों भर भर?

नीरजा के इस गीत 'पुलक पुलक उर, सिहर सिहर तन' के ठीक पहले एक अति परिचित गीत है उनका 'धीरे धीरे उतर क्षितिज से आ वसन्त-रजनी'। यहाँ वे प्रकृति की जिस साज-सज्जा में डूबी हुई हैं, उससे उनकी तरलतम भावनाओं का पता चलता है–

तारकमय नव वेणी बन्धन,
शील-फूल कर शशि का नूतन,
रश्मि-वलय सित घन-अवगुण्ठन,
मुक्ताहल अभिराम बिछा दे
चितवन से अपनी!
पुलकित आ वसन्त-रजनी।

पुलकित स्वप्नों की रोमावलि कर में हो स्मृतियों की अंजलि, मलयानिल का चल दुकूल/अलि! घिर छाया-सी श्याम, विश्व को आ अभिसार बनी/सकुचती आ वसन्त-रजनी/

वसन्त-रजनी का यह रीतिकालीन शृंगार, अभिराम चितवन, सपनों की रोमावलि, स्मृतियों की अंजलि और फिर अभिसार में डूबा हुआ समूचा ब्रह्माण्ड, अन्ततः हमें जहाँ ले जाता है, वह जगह उद्दाम काम-वासनाओं की ही है। इस वासना में महादेवी की कविता नख से शिख तक सराबोर और डूबी हुई है।

लक्ष्य किया जाना चाहिए कि जिस *विरह* को आगे चलकर वे अपनी विशिष्ट पहचान बनाती हैं, उसके पहले मिलन का एक भरा-पूरा संसार उनकी कविता में अपनी समस्त सक्रियता और गतिशील ऊर्जा के साथ विहार कर रहा है। ऐसा न होता तो 'दर्द बन जाता है दवा हद से गुजरने के बाद' जैसी मनःस्थिति आती ही क्यों? अगर यह फलीभूत हुई है तो इसके पीछे वे तमाम प्रबल वासनाएँ हैं जो महादेवी की कविता में प्रकृति के बहाने या उसकी आड़ में समूची शक्ति के साथ प्रतिबिम्बित हुई है। यहाँ पहुँचकर निस्संकोच कहा जा सकता है कि महादेवी यहाँ ज़रूरत से कुछ ज़्यादा ही वासनातुर हो उठी हैं। वो भी, एक मध्ययुगीन रीतिकालीन अभिसारिका की तरह, जिसे रति-बिहार के सारे गुर ही नहीं मालूम हैं, वासनामय संसार की अन्तरंग इच्छाओं की बुनियादों की भी अभिज्ञता है।

यह भी क्यों नहीं सोचा जाना चाहिए कि महादेवी प्रत्यक्ष जीवन-व्यवहार में जितनी निरलंकृत और सादगीप्रिय हैं, काव्य में उतनी ही अलंकारप्रिय और नख से शिख तक सजी-धजी। अकारण ही नहीं उनके प्रिय को परदे में आना पसन्द है 'प्रियतम को भाता है तम के परदे में आना।'

किसी एक ही शब्द से अगर महादेवी की पहचान करनी हो तो *अवगुण्ठन* पर्याप्त है। महादेवी का काव्य मीरा की तरह अपनी भावनाओं का ढोल सरेआम चौराहे पर नहीं बजाता। यह मीरा की ही तो पंक्ति है–'लियो री बजंता ढोल'। महादेवी के यहाँ यह खुला-फैला चौराहा कहीं भी नहीं है। इसलिए दोनों का अनुभव-संसार ही नहीं, अभिव्यंजना-संसार भी अलग-अलग है। महादेवी ठेठ लौकिक भूमि पर खड़ी हैं। उनके चित्रणों में अलौकिकता का रहस्य देखने वाले लोग शायद यह लक्ष्य करना पसन्द नहीं करते कि महादेवी की कविता की सारी ऊर्जा कहीं और है–'साँसें कहतीं अमर कहानी/पल पल बनता अमिट निशानी/प्रिय मैं लेती बाँध मुक्ति/सौ सौ लघुतम बन्धन अपने में/तुम्हें बाँध पाती सपने में/'

महादेवी को चालीस के दशक में यह कहने की शक्ति कहाँ से मिली होगी तो जवाब यह एक हो सकता है कि जयशंकर प्रसाद के *आँसू* काव्य से। उसे भी कुछ स-ज्ञान आलोचकों ने रहस्य का काव्य कह डाला था। तब तक महादेवी की काव्य-प्रतिभा हिन्दी संसार के समक्ष आयी नहीं थी। *आँसू* की तो धूम मची थी। निश्चय ही महादेवी ने वहाँ से प्रेरणा लेकर अपनी भावनाओं के लिए एक सुरक्षित और असीम ठिकाना ढूँढ लिया होगा। छायावाद और महादेवी वर्मा में अगर कोई तार्किक सम्बन्ध बनता दिखाई देता है तो बस इतना ही। अन्यथा महादेवी और छायावाद में शायद ही कोई रिश्ता बन पाता हो। प्रकृति के सूक्ष्म से सूक्ष्म रूपों और क्रियाओं के गतिशील संसार को मानव-भावनाओं के सम्मूर्तन के लिए प्रयुक्त करना छायावादियों की भी विशेषता है और महादेवी की भी।

यहाँ प्रकृति जैसे मानव-संवेदनाओं का एक अक्षय कोष लेकर खड़ी है। प्रकृति को कविता की सबसे खूबसूरत और रमणीय काव्य-भाषा बना डालने का जो कौशल महादेवी ने प्रदर्शित किया है, उसमें वे पन्त और प्रसाद से भी आगे निकल गयी हैं। सच है कि उन्होंने अपने इन वरिष्ठों से बहुत कुछ सीखा और ग्रहण किया है। किन्तु अपने आपको जिस सीमित भाव-संसार में उन्होंने आबद्ध कर लिया वह छायावादियों के 'एक कर दे पृथ्वी-आकाश' वाले संसार से बहुत अलग है। वहाँ दो के अलावा कोई भी तीसरा नहीं है। है तो सिर्फ़ वह रंगमयी प्रकृति जो हर तरह से महादेवी का समूची सक्रियता और निष्ठा के साथ, साथ दे रही है।

आज जिस तरह के विश्व में हम रह रहे हैं, प्रकृति से हमारी अजनबियत और दूरियाँ बढ़ती जा रही हैं। पश्चिम की निगाह में जो प्रकृति कभी उपभोग्य थी, आज वैसी भी नहीं बची। उसकी सत्ता का सर्वनाश करने में पश्चिम ने जो अगुवाई पिछले युगों में की, उसका ख़ामियाजा आज समूचे ब्रह्माण्ड को भोगना पड़ रहा है। इस सन्दर्भ में न केवल महादेवी की, वरन् समूची छायावादी कविता, प्रकृति से हमारी पहचान नये सिरे से कराती हुई आती है। इस पहचान में भले ही प्रत्यक्ष उपयोगिताओं की कहीं कोई गुंजाइशें न दिखें, किन्तु हमारे निरावृत्त मन और उसकी संवेदनाओं की अभिव्यक्तियों के लिए वह जिस तरह हमारे साथ आ खड़ी होती है, उससे यह तो सिद्ध ही होता है कि आज भी वह हमारी सबसे विश्वसनीय सहचरी है। उसको नास्तित्व कर हम केवल अपने विश्वासों को निराधार नहीं करेंगे, अपनी वह भाषा भी खो बैठेंगे जिसे हमने उसी के बल और भरोसे पर अर्जित किया है।

महादेवी इस भाषा का भरपूर इस्तेमाल अपने काव्य में करती हैं। इस रूप में उनकी कविता की भाषा सार्वभौमिक हो उठी है। ऋतुओं और मौसमों के अलग-अलग तेवर और उनकी प्रतिच्छवियों से भरपूर यह कविता जितनी महादेवी की है, कहना होगा उतनी ही प्रकृति की भी। ऐसा लगता है, महादेवी ने प्रकृति से जो सहयोग लिया है, उससे उसकी सामर्थ्य दुगनी हो उठी है। वह एक असाधारण मानवीय सत्ता होकर हमारी बराबरी से आ खड़ी हुई है और कविता इतनी आकर्षक और रमणीय हो उठी है कि अलौकिक और रहस्यमय लगने लगी है।

प्रत्यक्ष जीवन में भले ही महादेवी ने वह सब नकार दिया हो जो आभरणयुक्त और स्त्री-विरोधी है, किन्तु उनकी कविता तो अत्यन्त सजी-धजी और आभरणयुक्त है। उसमें रीतिकालीन अभिसार के दृश्य भी खूब हैं और अभिसार की मानसिकता में डूबे चित्र भी। जब कभी महादेवी–'मिलन का मत नाम ले रे मैं विरह में चिर हूँ।' जैसी पंक्तियों का कथन करती हैं, वहाँ उनकी अवगुण्ठन-प्रिय कविता जैसे निरावृत्त हो उठती है। इसलिए थोड़ी दुर्बल भी कि अनुभवों की सघन उपस्थितियों और उनसे पैदा हुई परिष्कृत रंगीन कल्पनाओं की मनोहरता यहाँ लुप्त हो उठती है। बस, बयान ही बयान बच रहता है। सब जानते हैं, ऐसी कविताओं में बयान का सौन्दर्य क्या मायने रखता है। पर यह वह महादेवी तो किसी भी स्थिति में नहीं हैं जो यह लिखती हैं–'मैं बनी मधुमास आली।' महादेवी पतझर की सेविका हैं या मधुमास की स्वामिनी, इसे जाननेवाले ही जान सकते हैं।

रहस्यवाद और उसका लोकधर्म

काव्य में रहस्यवाद शीर्षक अपने महानिबन्ध में आचार्य शुक्ल ने जो आपत्तियाँ दर्ज की हैं, उनमें से पहली यही कि 'कविता का सम्बन्ध ब्रह्म की व्यक्त सत्ता से है, चारों ओर फैले हुए गोचर जगत् से है; अव्यक्त सत्ता से नहीं। जगत् भी अभिव्यक्ति है, काव्य भी अभिव्यक्ति है। जगत् अव्यक्त की अभिव्यक्ति है और काव्य इस अभिव्यक्ति की भी अभिव्यक्ति है।'

शुक्ल जी यहाँ पश्चिमी कला-चिन्तक और मनीषी प्लेटो के पास पहुँचे दिखाई देते हैं। प्लेटो अपनी अतिवादी सोच में यहाँ तक चले आये हैं कि अभिव्यक्ति की अभिव्यक्त यानी सत्य से दुगनी दूर का सत्य यानी नकल की नकल। गनीमत है कि शुक्ल जी ऐसा नहीं कहते। विपरीत इसके काव्य को महत्त्व देते हुए वे यह कहते हैं कि 'काव्य का प्रादुर्भाव इसी जगत्रूपी अभिव्यक्ति को लेकर हुआ।' उन्हीं के शब्द हैं–'इस अभिव्यक्ति के सम्मुख मनुष्य कहीं प्रेमलुब्ध हुआ, कहीं दुखी हुआ, कहीं क्रुद्ध हुआ, कहीं डरा, कहीं विस्मित हुआ और कहीं भक्ति और श्रद्धा से उसने सिर झुकाया। जब सब एक-दूसरे को ऐसा ही करते दिखाई पड़े तब सामान्य आलम्बनों की परख हुई और उनके सहारे एक ही साथ बहुत से आदमियों में एक ही प्रकार की अनुभूति जगाने की कला का प्रादुर्भाव हुआ।' धीरे-धीरे इसी अनुभूति-योग की साधना से कुछ अन्तर्दृष्टि-सम्पन्न महात्माओं को इस विशाल विश्वविग्रह के भीतर *परम हृदय* की झलक मिली जिससे कविता और ऊँची भूमि पर आयी। वे चराचर के साथ मनुष्य-हृदय का संयोग कराने, सर्वभूतों के साथ मनुष्य को तादात्म्य का अनुभव कराने उठे।'

सम्भवत: अपने इसी विचार के चलते शुक्ल जी ने निबन्ध के शुरू में ही यह कहा कि 'मैं रहस्यवाद का विरोधी नहीं। मैं इसे भी कविता की एक शाखा विशेष मानता हूँ। पर जो इसे काव्य का सामान्य स्वरूप समझते हैं उनके अज्ञान का निवारण मैं बहुत ही आवश्यक समझता हूँ।'

यही शुक्ल जी लिखते हैं–'जिस प्रकार जगत् अनेक रूपात्मक है उसी प्रकार हमारा हृदय भी अनेक भावात्मक हैं। इन अनेक भावों का व्यायाम और परिष्कार तभी हो सकता है जबकि उन सबका प्रकृत सामंजस्य जगत् के भिन्न-भिन्न रूपों और व्यापारों के साथ हो जाये। जब तक यह सामंजस्य पूरा न होगा तब तक यह नहीं कहा जा सकता कि कोई पूरी तरह जी रहा है।

तथापि वे इस बात पर तो अडिग हैं ही कि कविता का सम्बन्ध गोचर जगत् से है, अगोचर से नहीं। वे लिखते हैं–'मनोमय कोश ही प्रकृत काव्य-भूमि है, यही हमारा पक्ष है।' अन्यत्र वे यह और ज़ोर देकर कहते हैं–'हमारा कहना यही है कि हृदय का अव्यक्त और अगोचर से कोई सम्बन्ध नहीं हो सकता।'

शुक्ल जी के इस बुनियादी तर्क़ का जवाब देती हुई महादेवी *दीपशिखा* की भूमिका में लिखती हैं–'अगोचर जगत् से सम्बन्ध रखने वाली रहस्यानुभूति की स्थिति भी ऐसी ही है। जहाँ तक अनुभूति का प्रश्न है, वह तो स्थूल और गोचर में भी सामान्य नहीं। व्यापक अर्थ में तो यह कहा जा सकता है कि प्रत्येक सौन्दर्य या प्रत्येक सामंजस्य की अनुभूति भी रहस्यानुभूति है, क्योंकि काव्यानुभूति सामान्य संवेदनात्मक अनुभूति है ही नहीं। वस्तुत: यह वह तीव्र मार्मिक संवेदना है जिससे कविता साकार होती है। कविता अगर इसी तर्क-क्रम में सौन्दर्यानुभूति है तो यह भी एक प्रकार से रहस्यानुभूति ही है, किन्तु यह भी सच है कि हमारे मूर्त और अमूर्त जगत् एक-दूसरे से इस प्रकार मिले हुए हैं कि एक का यथार्थदर्शी दूसरे का रहस्यद्रष्टा बनकर ही पूर्णता पाता है।'

अगले पैरे में वे लिखती हैं–'इस अखण्ड और व्यापक चेतन के प्रति कवि का आत्मसमर्पण सम्भव है या नहीं इसका जो उत्तर अनेक युगों की रहस्यात्मक कृतियाँ देती आ रही हैं, वही पर्याप्त होना चाहिए।' किन्तु इसके बाद भी उनका तर्कपूर्ण कथन है–'अलौकिक रहस्यानुभूति भी अभिव्यक्ति में लौकिक ही रहेगी, पर यह सत्य है कि इस धरातल पर प्रत्यक्ष और अप्रत्यक्ष का सम्बन्ध बनाए रखने के लिए बुद्धि और हृदय की असाधारण एकता चाहिए।'

अलौकिक आत्मसमर्पण को समझने के लिए भी लौकिक का सहारा लेना होगा। स्वभाव से मनुष्य अपूर्ण भी है और अपनी अपूर्णता के प्रति सजग भी। अत: किसी उच्चतम आदर्श, भव्यतम सौन्दर्य या पूर्ण व्यक्तित्व के प्रति आत्मसमर्पण द्वारा पूर्णता की इच्छा स्वाभाविक हो जाती है।

अखण्ड चेतन से तादात्म्य का रूप केवल बौद्धिक भी हो सकता है पर रहस्यानुभूति में बुद्धि का ज्ञेय ही हृदय का प्रेय हो जाता है। इस प्रकार रहस्यवादी

का आत्मसमर्पण बुद्धि की सूक्ष्म व्यापकता से सौन्दर्य की विविधता तक फैल जाने की क्षमता रखता है, अतः उसमें सत् और चित् की एकता में आनन्द सहज सम्भव रहेगा।

रहस्योपासक का आत्मसमर्पण हृदय की ऐसी आवश्यकता है जिसमें हृदय की सीमा, एक असीमता में अपनी ही अभिव्यक्ति चाहती है। और हृदय के अनेक रागात्मक सम्बन्धों में माधुर्य भावमूलक प्रेम ही उस सामंजस्य तक पहुँच सकता है, जो सब रेखाओं में रंग भर सके, सब रूपों को सजीवता दे सके और आत्म-निवेदक इष्ट के साथ समता के धरातल पर खड़ा कर सके।

उनका एक तर्क यह भी है–'अवश्य ही सूक्ष्म जगत् के आत्मनिवेदन को स्थूल जगत् के आत्मसमर्पण के साम्य से समझना कठिन होगा। पर यह मान लेने पर कि मनुष्य का आत्मनिवेदन उसी के अन्तर्जगत् की प्रतिकृति खोजता है, सूक्ष्म का प्रश्न बहुत दुर्बोध नहीं रहता। रहस्यद्रष्टा जब खण्ड रूपों से चलकर अखण्ड और अरूप चेतन तक पहुँचता है तब उसके लिए अपने अन्तर्जगत् के वैभव की अनुभूति भी सहज हो जाती है और बाह्य जगत् की सीमा की भी। अपनी व्यक्त अपूर्णता को अव्यक्त पूर्णता में मिटा देने की इच्छा उसे पूर्ण आत्मदान की प्रेरणा देती है। यदि इस तादात्म्य के साथ माधुर्य भाव न होता तो यह ज्ञाता और ज्ञेय की एकता बन जाता, भावभूमि पर आधार-आधेय की एकता नहीं।'

महादेवी के तर्क शुक्ल जी द्वारा प्रस्तुत तर्कों का एक हद तक आश्वस्तकारी प्रत्युत्तर देते हैं।

शुक्ल जी का दूसरा आरोप यह भी है कि 'रहस्य की ओर भारतीय काव्य की स्वाभाविक प्रवृत्ति नहीं, पर हिन्दी काव्य क्षेत्र में उसकी प्रतिष्ठा बहुत दिनों पहले से बड़े हृदयग्राही रूप में हो चुकी है।' यहाँ वे सूफ़ियों और कबीर आदि का उल्लेख करते हैं। पर तत्कालीन हिन्दी में जो रहस्यवाद छायावादियों में उन्हें दिखाई पड़ रहा था, वह उनके अनुसार पश्चिमी की भद्दी नकल के अलावा और कुछ नहीं लग रहा था। तथापि वे यह कहते हैं कि हिन्दी रहस्य कविता 'वाद के रूप में चले; स्वाभाविक रहस्य भावना का आश्रय लेकर चले।' उन्हें भरोसा भी है कि यह 'सच्ची रहस्य भावना अपना मार्ग अवश्य निकाल लेगी और हिन्दी-काव्य क्षेत्र की यह शाखा भी अपनी एक स्वतन्त्र भारतीय विभूति का प्रकाश करेगी।'

शुक्ल जी का यह विश्वास महादेवी की कविता में फलीभूत हुआ, ऐसा कहना अत्युक्ति नहीं माना जायेगा। किन्तु उनका यह कथन कि रहस्यवाद भारतीय कविता की स्वाभाविक प्रवृत्ति नहीं है, कई छायावादियों ने इसका तीव्र प्रतिवाद किया।

जयशंकर प्रसाद ने तो शुक्ल जी को जवाब देते हुए *रहस्यवाद* शीर्षक विशद निबन्ध ही लिख डाला। काव्य में आत्मा की संकल्पनात्मक मूल अनुभूति की मुख्य धारा रहस्यवाद है।' शुक्ल जी के कथनों का विरोध करते हुए उन्होंने लिखा, 'फारस में जिस सूफ़ी-धर्म का विकास हुआ था, उस पर कश्मीर के साधकों का बहुत कुछ प्रभाव था। यों तो एक-दूसरे के साथ सम्पर्क में आने पर विचारों का थोड़ा-बहुत आदान-प्रदान होता ही है, किन्तु भारतीय रहस्यवाद ठीक मेसोपोटामिया से आया है, यह कहना वैसा ही है जैसा वेदों को *सुमेरियन डॉक्यूमेंट* सिद्ध करने का प्रयास।'

रहस्यवाद का सम्बन्ध आर्यों के आनन्दवाद और आत्मवाद से जोड़ते हुए प्रसाद ने इसे उस बुद्धिवादी, अनात्मवादी और दुखवादी धारा से भी अलगाया जो स्वभाव में विवेकवादी थे। रहस्यवाद को उपनिषदों की आत्मवादी विचारधारा से जोड़ते हुए प्रसाद ने यहाँ तक कहा कि 'पिछले काल में भारत के दार्शनिक अनात्मवादी ही भक्तिवादी बने और बुद्धिवाद का विकास भक्ति के रूप में हुआ। जिन-जिन लोगों मे आत्मविश्वास नहीं था, उन्हें एक-एक त्राणकारी की आवश्यकता हुई।'

प्रसाद जी के इस कथन से दो बातें तो साफ़ हैं। पहली तो यही कि सूफ़ियों के काफ़ी पहले से भारतीय रहस्यवाद विद्यमान था। दूसरी यह है कि यह आर्यों की आनन्दवादी धारा का ही विकास है जिसमें आत्मा केन्द्र में है। अत: स्वत्ववादी हैं। तीसरे, इसकी अभिव्यक्ति उल्लासमूलक है क्योंकि 'आनन्द का स्वभाव ही उल्लास है।'

प्रसाद जी तब भी यह कहते हैं कि बाद के युगों में *मिश्र विचारधाराओं* की सृष्टि होने लगी। वैदिक आर्यों और शून्यवादियों का समन्वय-युग भी आया। इन्द्र की जगह कृष्ण ने ले ली। प्रसाद के शब्दों में कृष्ण का व्यक्तित्व 'बुद्धिवाद और आनन्द का समन्वय था।' पुराणों में इसका विकास उस मायावाद में झलका जहाँ बौद्धों का अनात्मवाद और वैदिकों का आत्मवाद दोनों एक साथ खड़े नज़र आने लगे।

इसी गम्भीर शोधपरक निबन्ध में चिन्तक कवि प्रसाद लिखते हैं-'जो लोग यह सोचते हैं कि आवेश में अटपटी वाणी कहने वाले शामी पैगम्बर ही थे, वे कदाचित् यह नहीं समझ सके कि वैदिक ऋषि भी गुह्य बातों को चमत्कारपूर्ण सांकेतिक भाषा में कहते थे।' ये प्रसाद जी के ही शब्द हैं–'वैदिक काल से रहस्यवाद की अभिव्यक्ति की परम्परा भी मिलती है।'

दीपशिखा की भूमिका में प्रसाद जी की हाँ में हाँ मिलाती महादेवी लिखती हैं–'रहस्यानुभूति का जैसा क्रमबद्ध इतिहास हमारा प्राचीनतम काव्य देता है, वैसा अन्यत्र मिलना कठिन होगा।' कवयित्री ने वैदिक काव्य से अनेक उदाहरण दिये हैं।

उन्होंने यह भी स्वीकार किया है कि आधुनिक युग विषमतापरक है, अतः ध्वंसात्मक है। परम्परागत दृष्टियाँ भी चौंधिया उठी हैं। जीवन मूल्यों के बिखरावों एवं शून्य की ओर बढ़ रहा है। ऐसे ऐतिहासिक कालखण्ड में परम्परा के स्वत्व की ख़ोज और उसका सूक्ष्म अनुभव बहुतों को बेभरोसे का लग सकता है। वे लिखती हैं–'किसी भी उत्थानशील समाज और उसके प्रबुद्ध कलाकारों में जो सक्रिय सहयोग और परस्पर पूरक आदान-प्रदान स्वाभाविक है, वह हमारे समाज के लिए कल्पनातीत बन गया जबकि प्रत्येक सच्चे कलाकार की अनुभूति, प्रत्यक्ष सत्य ही नहीं अप्रत्यक्ष सत्य का भी स्पर्श करती है, उसका स्वप्न वर्तमान ही नहीं, अनागत को भी रूपरेखा में बाँधता है और उसकी भावना यथार्थ ही नहीं संभाव्य यथार्थ को भी मूर्तिमत्ता देती है। परन्तु इन सबकी, व्यष्टिगत और अनेकरूप अभिव्यक्तियाँ दूसरों तक पहुँचकर ही तो जीवन की समष्टिगत एकता का परिचय देने में समर्थ हैं।'

महादेवी अपने काव्य में इसी समष्टिगत एकता का एक ऐसा ताना-बाना रचती हैं जो समकालीन विश्व राजनीति की परस्पर विरोधिनी शक्तियों की प्रचण्ड भीड़ के विरुद्ध मानव और प्रकृति की अन्तर्निहित एकता का सौन्दर्य दर्शन हमें करा सके। किन्तु इसके लिए जिस उच्छल स्वच्छन्दता की ज़रूरत है, वह अब सहज सम्भव नहीं रही। वे ही यह लिखती हैं–'जहाँ तक हमारी कविता और कलाओं का प्रश्न है, वे अनाथालय के जीवों के समान सब द्वारों पर अपना अनाथपन गाने को स्वतन्त्र रहीं परन्तु हर द्वार पर उनके गीत के लिए स्वर-ताल निर्दिष्ट और विषय निश्चित थे। जो नीति ने सुनना चाहा वह समाज को नहीं भाया और जो समाज को रुचिकर हुआ वह राष्ट्रीयता की स्वीकृति न पा सका।'

ये भी उन्हीं के शब्द हैं-'जहाँ तक जीवन का प्रश्न है, उसे सजीवता के वैभव में देखने का न बुद्धिवादी को अवकाश है और न इच्छा, जीवन के व्यापक स्पन्दन से वह जितना दूर हटता जाता है उतना ही विकास के मूल तत्त्वों से अपरिचित बनता जाता है। और अन्त में उसका भारी पर अज्ञानात्मक ज्ञान उसी के जीवन की उष्णता को ऐसे दबा देता है जैसे छोटी-सी चिनगारी को राख का ढेर। आज की आवश्यकताओं के अनुसार वह संसार भर के सम्बन्ध में बहुत कुछ ज्ञातव्य जानता है। परन्तु अपनी धरती की अनुभूति के बिना ये ज्ञान-बीज घुनते रहने के लिए ही उसके मस्तिष्क की सारी सीमा घेरे रहते हैं।'

महादेवी *दीपशिखा* में जब इन बातों को लिख रही थीं तब उनके लक्ष्य वे तमाम पश्चिमजीवी हीन मानसिकता वाले बुद्धिजीवी और लेखक भी थे जिन्हें '*अव्यवस्थित*' कहकर वे उन पर ख़ूब बरसी भी हैं। प्रकटतः उन्होंने यहाँ तक भी

कह डाला है कि 'जीवन के स्पन्दन से शून्य होकर सिद्धान्त जब धर्म, समाज, नीति आदि की संकीर्ण पीठिका पर प्रतिष्ठित हो जाते हैं तब वे व्यवसाय वृत्ति को जैसी स्वीकृति देते हैं वैसी जीवन के विकास को नहीं। साहित्य, काव्य आदि के धरातल पर भी इस नियम का अपवाद नहीं मिलेगा।'

आचार्य शुक्ल से लेकर पश्चिमी बुद्धिवाद से प्रेरित आधुनिक बुद्धिवादियों पर उन्होंने यह आरोप लगाने में कोई कोताही नहीं बरती है कि भारत और उसकी चेतना के सूक्ष्म इतिहास पर पुनर्विचार की गहरी ज़रूरत है जो कतिपय रूढ़ जीवन सिद्धान्तों की उपज नहीं है। यह भी कि उसमें गहरी अनौपचारिकता और व्यापक सहजता है। एक ऐसी ब्रह्माण्डीय संवेदना जहाँ न तो धरती बँटी है, न आकाश। जल-थल-नभ, समस्त चराचर, गोचर-अगोचर सब एक ही में घुले-मिले हैं।

महादेवी का रहस्यवाद इसी संवेदना का सबसे प्रखर और व्याकुल संगीत है। *दीपशिखा* में उनकी यह एक गीत पंक्ति है–

कर व्यथाएँ
सुख-कथाएँ,
तोड़ सीमा की प्रथाएँ,
प्रात के अभिषेक को हर दृग सजाती आ!
उर-उर बसाती आ!
सपने जगाती आ!

भारतीय ऋषियों के गीतों में जिस प्रकाश की साधना और तपस्या की गयी है, महादेवी की कविताओं में उसी की पुनर्स्मृतियाँ और पुनर्निर्मितियाँ सुस्पष्ट हैं। चल-अचल, गोचर-अगोचर, मूर्त-अमूर्त, स्थावर-जंगम का जैसा विश्वसनीय संसार यहाँ हमें अनुभव होता है, उसका कारण वह कवि 'हृदय' है, जो सिर्फ़ तर्कजीवी नहीं है। यह एक ऐसा *हृदय* है जिसे वे अन्तर्जगत् की मुक्ति कहती हैं। एक ऐसा अनुभव–विश्व जो ब्रह्माण्ड के ज्ञात-अज्ञात समस्त सन्देशों को उनके समूचे वैभव के साथ न केवल सार्थक और मूल्यवान, बल्कि रमणीक और मधुरतम भी समझता है। महादेवी की रहस्यानुभूति विश्व-वैभव की इसी मधुरता की सबसे सम्मोहक वाणी है। यह वह आवाज़ है जिसमें व्यापकता का आवाहन है, घुलने-मिलने की उत्कट अभिलाषा है, सृष्टि की सघन एकता का मनोहर और क्रान्तिकारी सन्देश है।

महादेवी की कविता आज के इस अति बौद्धिक और उपभोगवादी युग में हमारे किसी प्रयोजन की हो सकती है तो इसी रूप में कि वह हमें हमारे उस सूक्ष्म मानसिक धरातल की ओर ले जाती है, जहाँ असीम संवेदनाओं से भरा हुआ एक व्याकुल मानव अस्तित्व समूची सृष्टि की अनन्त ध्वनियों और प्रतिध्वनियों का सघन आत्मीय भाव-सम्बन्ध लेकर खड़ा है।

महादेवी ने इस उदात्त, सूक्ष्म चेतना की साधना कैसे की होगी, यह एक जिज्ञासा हो सकती है। यह भी कि कहीं यह एक काव्य-पाखण्ड तो नहीं है। यदि सचमुच यही है तो आज का पाठक इसमें प्रवेश क्यों करे? ये वे सवाल हैं जो इस सन्दर्भ में ज़रूरी हो सकते हैं। यह भी कि क्या कैसी भी भावाकुलता की कोई ज़रूरत हमारे समकालीन बुद्धिवादी समाज को आज नहीं है?

इन प्रश्नों के उत्तर में जो एक और प्रश्न किया जा सकता है वह यह कि इतने सारे ज्ञान, विज्ञान और असाधारण प्रौद्योगिकी के रहते हुए साहित्य और कलाओं के लिए कोई गुंजाइश और जगह फिर भी बची रह गयी है?

इस पर विचार करते हुए एक भारतीय चिन्तक लिखता है–'संस्कृति में सर्जनशीलता दो विपरीत ध्रुवों पर विकसित होती है। एक ध्रुव पर जीवन के विविध क्षेत्रों के अनुभवों को, चाहे वे कहीं भी हों, किसी नियम से बाँधने का प्रयास होता है। यह सर्जनशीलता का वैज्ञानिक आयाम होता है। यह सार्विक होता है और इसके नियमों में किसी अपवाद की गुंजाइश नहीं होती। दूसरा ध्रुव है निकट और अन्तरंग अनुभवों और अनुभूतियों को रूपायित करने का। यहाँ विभिन्न कलाएँ विकसित होती हैं और जीवन को सँवारने-बनाने के प्रयास होते हैं। सामाजिक जीवन को स्वरूप देना भी इसी श्रेणी में आता है। मानव सम्बन्धों में सन्तोषजनक संगति करने का प्रयास भी इसी का हिस्सा है।'

इस कथन से यह तो स्पष्ट हो ही जाता है कि यह उपभोक्तावादी सभ्यता सिर्फ़ संवेदनशून्य रोबट पर सन्तुष्ट और राजी होने को तैयार नहीं है। मनुष्य चूँकि एक सांस्कृतिक जीव भी है, इस नाते वह सिर्फ़ उस जड़ और प्रदत्त व्यवस्था से सन्तुष्ट नहीं हो सकता, जिसका एक नाम सभ्यता है। वह इस प्रदत्त व्यवस्था का अतिक्रमण भी करना चाहता है। वह रोज़-रोज़ नये सपने देखना चाहता है और उन सपनों के भरोसे अपनी जड़ताओं से निपटना चाहता है। इसलिए वह आत्मसंवाद भी करता है, आत्मचिन्तन भी। इसी प्रक्रिया में उसके सपने बनते हैं। इन्हें मूर्त आकार देने के ख़याल से वह जिन माध्यमों का इस्तेमाल करता है, उसमें से एक वह भाषा भी है, जो पहले से उसके चारों ओर मौजूद है। इसी के बल और सहारे वह अपने चतुर्दिक के परिवेश और सामूहिक जीवन से जुड़ता है। अगर उसके मन में चतुर्दिक से जुड़ने की यह तीव्र आकांक्षा न हो तो सांस्कृतिक जीव रह भी जायेगा या नहीं, कहना मुश्किल होगा।

ऊपर उठाये गये प्रश्नों पर फिर लौटें तो कह सकते हैं कि महादेवी की कविता एक सांस्कृतिक अन्धकार में प्रकाश की साधना है। यह अन्धकार जितना

आक्रामक और जहरीला है, उनकी कविता उतनी ही नीलकण्ठी और अविचल। उसमें उस अन्धकार से लड़ने का प्रबल आवाहन और आत्मविश्वास है। इसीलिए वह एक ऐसी जुझारू भाषा की ओर निरन्तर बढ़ती है जिसका प्रतीक *दीपक* है। ज़रा *दीपशिखा* के एक गीत का यह अंश देखें–

झंझा है दिग्भ्रांत रात की मूर्च्छा गहरी,
आज पुजारी बने, ज्योति का यह लघु प्रहरी,
जब तक लौटे दिन की हलचल,
तब तक यह जागेगा प्रतिपल,
रेखाओं में भर आभा-जल
दूत साँझ का इसे प्रभाती तक चलने दो!

दो-दो महाभयावह विनाशकारी विश्वयुद्धों के बीच और बावजूद, महादेवी को अगर ऐसे गीत रचने की प्रेरणा मिली तो निश्चय ही उस स्वाधीनता आन्दोलन की कोई प्रेरणा ज़रूर रही होगी जिसमें सारा देश समूचे आत्मविश्वास के साथ जुटा हुआ था। महादेवी के इन रहस्य गीतों में जैसी आत्मविश्वासपरकता, दृढ़ता और अडिगता है, वह उसी वातावरण की देन है।

बीसवीं सदी के चौथे दशक में जैसा राजनीतिक और सामाजिक वातावरण था, उसकी विचलित अविचलित छवियाँ थीं, महादेवी की कविता ने उनका जैसा सांकेतिक प्रतिबिम्बन किया है, उस पर न जाने क्यों अब तक विचार नहीं किया गया। डॉ. रामविलास शर्मा ने ज़रूर एकाध संकेत किये हैं, किन्तु अभी बहुत कुछ कहना फिर भी बचा रह गया है। यह रहस्य की कवयित्री महादेवी ही हैं जो लिखती हैं–'चिर सजग, आँखें उनींदी आज कैसा व्यस्त बाना, जाग तुझको दूर जाना।' 'पन्थ होने दो अपरिचित प्राण रहने दो अकेला' भी उन्हीं का वाक्य है जिसमें दुखव्रती, निर्माण उन्मद, यह अमरता नापते पद जैसे पौरुषदीप्त अलबेले बिम्ब आते हैं। जिन्हें जरा भी इस परम्परा का बोध है, वे महादेवी के इन कथनों में उन अन्तर्ध्वनियों को सुन पायेंगे जो ऋग्वेद की ऋचाओं से लेकर उपनिषदों, रामायण-महाभारत काल तक ही नहीं, मध्यकाल के महान् भक्ति आन्दोलन से लेकर उन्नीसवीं-बीसवीं सदी के राष्ट्रीय मुक्ति आन्दोलन तक फैली और व्यापी हुई हैं।

यह शायद ही कहने की ज़रूरत पड़े कि ये आवाजें जितनी अलौकिक और दिव्य हैं, उनका संगीत भी उतना ही विरल, असाधारण और भावोद्वेलनकारी है। उसमें सबकी मूलभूत एकता का संकेत छिपा हुआ है और सबको एक कर डालने वाली जिद का अनथक उद्यम भी।

इसे केवल रहस्य अथवा उसका वादी काव्य कहकर झुठलाया नहीं जा सकता।

स्त्री के अकेलेपन का दस्तावेज़

समकालीन स्त्री-विमर्शवादियों ने इस पर जाने क्यों विचार नहीं किया कि महादेवी के गीतों में व्याप्त आत्मनिवेदन में कहीं कोई स्त्री भी है या नहीं? *यामा*-जिसमें *नीहार, रश्मि, नीरजा* और *सांध्यगीत* के चार सोपान हैं और *दीपशिखा* के गीतों में जो *स्त्री* है उसकी इस वेदना को हिन्दी-सहृदय-समाज ने समझने की क्या कोई कोशिश की? बीसवीं शताब्दी में हिन्दी समाज की किसी सुपठ स्त्री ने अगर अपने प्रणयी भावों को पहली बार प्रकट करने की साहसपूर्ण पहल की, तो उसी अन्दाज़ में इसे समझने की कोशिश अब तक क्यों नहीं की गयी?

'मैं पलकों में पाल रही हूँ यह सपना सुकुमार किसी का क्या अकेले महादेवी का अपना निजी सपना है?'

वह क्या *रामायण* की सीता, कुमारसम्भव की पार्वती और *अभिज्ञानशाकुन्तलम्* की शकुन्तला का सपना नहीं है? स्त्री जीवन के इन सपनों को जोड़कर देखने पर महादेवी के 'सपनों' की हकीकत का एक और परिप्रेक्ष्य भी उजागर हो सकता है।

यही महादेवी *मैं नीर भरी दुख की बदली* और *प्रिय! सांध्य गगन, जीवन* जैसा गीत भी लिखती हैं। क्या उनके इन कथनों का-भले ही वे काव्य-पंक्तियाँ ही क्यों न हों–कोई समाजशास्त्रीय परिप्रेक्ष्य बनता है? क्या इस पंक्ति का यथार्थ केवल महादेवी का अपना इकलौता यथार्थ है? वे जब यह लिखती हैं–'लाता भर श्वासों का समीर/जग से स्मृतियों का गन्ध धीर/सुरभित है जीवन-मृत्यु तीर/रोमों में पुलकित कैरव-वन।' तब अकेले उन्हीं के जीवन में पुलक का अनुभव नहीं होता, उस समूची स्त्री जाति का पुलकानुभव भी यहाँ महसूस किया जा सकता है। इसके बावजूद इतना आसान नहीं है यह सब। ख़ास तौर से पुरुष-वर्चस्वी समाज और उसके द्वारा गढ़ी गयी नैतिकता और जीवन-मर्यादा में।

शेष कादम्बरी (अलका सरावगी) में कादम्बरी अपनी नानी को जो पत्र उनकी आत्मकथा से गुजरने के बाद लिखती है, उसकी कुछ पंक्तियाँ इस प्रकार हैं–'प्यारी जो प्यार देती है और जिसे प्यार किया जा सकता है। पर इस बात को मानना जीवन का सबसे कठिन काम है–यानी कि इस प्यार को। ऐसा क्यों है, यह पता नहीं, पर यह दुख है। आपकी कथा को पढ़ते समय यह दुख मुझे बार-बार झकझोरता रहा। आपकी कथा को मैं पूरे समय चुगती-कुतरती रही। इस पर लिखना मेरे लिए कितना कठिन है, आपको इसका अन्दाज़ा शायद ही हो सकेगा। जो हमारी आँखों के इतना पास है कि पलकों को छूता हो, उसे देखना मुश्किल होता है।' नातिन कादम्बरी आगे का एक गहन मार्मिक वाक्य लिखती है–'आपकी कथा को महज एक कथा के रूप में पढ़ना लगभग नामुमकिन है।'

इन पंक्तियों को पढ़ने के बाद जब हम फिर महादेवी के पास लौटते हैं, कवयित्री की कुछ और पंक्तियाँ सामने आ खड़ी होती हैं–

विस्तृत नभ का कोई कोना,
मेरा न कभी अपना होना,
परिचय इतना इतिहास यही
उमड़ी कल थी मिट आज चली।

स्त्री की इस वेदना को धरती की गोद में समा जाने वाली सीता में भी लक्ष्य किया जा सकता है और व्रज में अकेली छूट जाने वाली राधा में भी। *कलिकथा वाया बाइपास* में किशोर बाबू की विधवा भाभी अपनी डायरी में यही एक वाक्य लिखकर रखे हुए हैं–'ज़िन्दगी के सफ़र में अकेले हैं हम'।

अपने एक गीत *प्रिय! मैं हूँ एक पहेली भी!* में महादेवी की एक-दो पंक्तियाँ हैं–

पी पी मैं चिर दुख-प्यास बनी
सुख- सरिता की रँगरेली भी!

अकारण ही नहीं वे अपने *विरह* को अपने जीवन का चिर यथार्थ घोषित करती हैं। अपनी असफलताओं को अपनी स्वतन्त्रताओं में परिवर्तित और रूपान्तरित करना तो कोई महादेवी से सीखे।

अपनी किशोर काल वय सहपाठिनी और जीवन-सहेली सुभद्रा कुमारी चौहान पर लिखती हुई वे उन्हीं के शब्दों में कहती हैं–'मनुष्य की आत्मा स्वतन्त्र है। फिर चाहे वह स्त्री-शरीर के अन्दर निवास करती हो चाहे पुरुष शरीर के अन्दर। इसी से पुरुष और स्त्री का अपना-अपना व्यक्तित्व अलग रहता है।' जब समाज

और परिवार की सत्ता के विरुद्ध कुछ कहना अधर्म माना जाता था तब वहीं सुभद्रा कहती हैं–'समाज और परिवार व्यक्ति को बन्धन में बाँधकर रखते हैं। ये बन्धन देशकालानुसार बदलते रहते हैं और उन्हें बदलते रहना चाहिए, वरना वे व्यक्तित्व के विकास में सहायता करने के बदले बाधा पहुँचाने लगते हैं। बन्धन कितने ही अच्छे उद्देश्य से क्यों न नियत किये गये हों, हैं बन्धन ही, और जहाँ बन्धन है वहाँ असन्तोष है तथा क्रान्ति है।'

सुभद्रा जी को ही आगे भी उन्होंने उद्धृत किया है–'परम्परा का पालन ही जब स्त्री का परम कर्तव्य समझा जाता था तब वे उसे तोड़ने की भूमिका बाँधती हैं। चिर-प्रचलित रूढ़ियों और चिर-संचित विश्वासों को आघात पहुँचाने वाली हलचलों को हम देखना-सुनना नहीं चाहते। हम ऐसी हलचलों को अधर्म समझकर उनके प्रति आँख मीच लेना उचित समझते हैं, किन्तु ऐसा करने से काम नहीं चलता। वह हलचल और क्रान्ति हमें बरबस झकझोरती है और बिना होश में लाए नहीं छोड़ती।

अन्ततः इस सन्दर्भ में महादेवी का यह कथन सुभद्रा के हवाले से ही सही, गौरतलब है–'अजगर की कुण्डली के समान, स्त्री के व्यक्तित्व को कस कसकर चूर-चूर कर देने वाले अनेक सामाजिक बन्धनों को तोड़ फेंकने में उनका जो प्रयास लगा होगा, उसका मूल्यांकन आज सम्भव नहीं है।'

तो क्या हम यह समझ लें कि इस प्रयास और उद्यम में महादेवी भी उनके साथ थीं? क्या उनका सारा गीत-संसार उनके इसी प्रयास और उद्यम की कमाई है?

इसके मार्फ़त उनका जो व्यक्तित्व हमें मिलता है, उसमें वही व्याकुलता और तड़प है जिससे स्त्री-जीवन की क्रान्तिकारी दिशाएँ खुलती हैं। किन्तु ये दिशाएँ अगर धुँधलका और किंचित् रहस्य लिए हुए हैं तो इसका भी कारण युग की वे सांस्कृतिक विषमताएँ हैं जिनकी ओर वे बार-बार इशारा करती हैं। तथापि सपना देखना और उसे अपनी पहचान बनाना वे छोड़ती नहीं।

महादेवी के ये गीत सुभद्रा जी के शब्दों में वस्तुतः उनकी इसी स्वतन्त्र आत्मा के गीत हैं। पुरुष पहल से भरे तमाम प्रेम काव्यों के बीच प्रेम की यह पहल एक ऐसी स्त्री की ओर से है जिसके जीवन में कहीं कोई भौतिक अभाव नहीं है। जो प्रायः हँसती और खिलखिलाती रहती है, किन्तु वह उन सारे बन्धनों को झुठलाना चाहती है जिनके चलते वह युगों से पराधीन और बेबस है। इस रूप में यह विद्रोह एक सृजनशील स्वप्नदर्शी स्त्री का विद्रोह है। महादेवी की कविता में अगर यह विद्रोह मौजूद है तो उसकी ओर लक्ष्य क्यों नहीं किया जाना चाहिए।

'पन्थ होने दो अपरिचित प्राण रहने दो अकेला' जैसी पंक्ति में वे जिस अपरिचित जीवन पथ और अकेले प्राण का उल्लेख करती हैं, वह यही नहीं तो और क्या है? अगर वह जीवन की सधी-बदी राह होता तो उसे अपरिचित कहने की ज़रूरत क्या? महादेवी आगे कुछ और भी कहती हैं–'दुखव्रती निर्माण उन्मद/यह अमरता नापते पद, बाँध देंगे अंक-संस्कृति से तिमिर में स्वर्ण बेला।' स्त्री-जीवन के इस सुपरिचित अन्धकार को प्रकाश में परिवर्तित करने की जिद ही यहाँ एक क्रान्तिकारी ऐतिहासिक संकल्प के साथ प्रकट हुई है–'अन्य होंगे चरण हारे, और हैं जो लौटते, दे शूल को संकल्प सारे'। हिन्दी कविता में यह अदा, कहने की ज़रूरत नहीं, बेजोड़ है। महादेवी की इस कविता पर टिप्पणी करती हुई कवयित्री अनामिका ने लिखा-इसमें 'ग़ालिब की हसरतें मीर की टनक है, बल्कि *हसरत* यहाँ संकल्प में कायान्तरित होकर और ज़्यादा ठोस और गर्विली हो गयी है।' ग़ालिब का वह शेर भी अनामिका ने उद्धृत किया है–

घर में क्या था कि तेरा ग़म उसे गारत करता
वो जो हम रखते थे एक हसरते तामीर सो है।

अनामिका ने यद्यपि महादेवी के अपने मूल शब्द-प्रयोग *दुखव्रती* को हटाकर *चिरवती* कर दिया है–शायद वो इससे सतत संघर्ष का हवाला देना चाह रही हों–किन्तु उनका यह सोचना सही लगता है कि 'महादेवी की कविता समझने की ख़ातिर ब्रह्मज्ञान इतना ज़रूरी भी न हो शायद।'

कवि निराला के हवाले से महादेवी का यह लिखना भी मुझे कहीं अधिक सटीक और सार्थक लगता है कि 'महान् कलाकारों के यथार्थ चित्र व्याख्याबहुल हों तो विस्मय की बात नहीं।' और यह भी कि 'साहित्यकार के जीवन का विश्लेषण उसके साहित्य के मूल्यांकन से कठिन है।' महादेवी के सन्दर्भ में तो यह ज़रूरत से कुछ ज़्यादा ही कठिन है, क्योंकि उनकी कविता में जितना सघन विषाद है जीवन में उतनी ही उच्छल हँसी भी है। कवि जयशंकर प्रसाद से एक मुलाकात के प्रसंग में वे लिखती हैं–'मैं बहुत अधिक हँसती थी और मेरे सम्बन्ध में सबकी धारणा थी कि मैं विषाद की मुद्रा और डबडबाई आँखों के साथ आकाश की ओर दृष्टि किये हौले-हौले चलती और बोलती हूँ।'

यही महादेवी *दीपशिखा* की भूमिका में स्त्री-जीवन की सच्चाइयों को समूचे आत्मबल से रेखांकित करती हुई सुनाई देती हैं–'समाज में वह अपनी स्थिति के प्रति विशेष सजग और सतर्क हो चुकी है। साहित्य को कुछ ही वर्षों में उसकी सजीवता

का जैसा परिचय मिल चुका है, वह उपेक्षणीय नहीं...वह आज सम्पूर्ण शक्ति के साथ जाग उठी है।'

उनकी इन गद्य-पंक्तियों को पढ़ते हुए हम स्त्री के उस *सपने* का अनुमान लगा सकते हैं जो युग के अँधेरों के बावजूद देखा गया है। इसे अगर अमृता प्रीतम ने देखा तो कमलादास ने भी। आज प्रभा खेतान, चित्रा मुद्गल, अलका सरावगी और मैत्रेयी पुष्पा भी देख पा रही हैं तो तसलीमा नसरीन भी।

किन्तु महादेवी का समय गांधी का समय था। स्त्री अपनी पहचान बग़ैर पुरुष के बनाने के लिए तब संघर्षरत थी। तब तक तो इन्दिरा गांधी भी कोमल किशोर यानी *गुड़िया* ही रही होंगी। तब भी कवि प्रसाद ने *कामायनी* में *इड़ा* जैसे चरित्रों की कल्पना कर ही ली थी। महादेवी अपनी कविता में स्त्री की इसी स्वतन्त्र पहचान के लिए जद्दोजहद कर रही थीं।

उस समय का जो नवजागरणमूलक साहित्यिक वातावरण था, प्रायः उसे अनदेखा कर महादेवी के संघर्षों की अनदेखी की जाती है। किन्तु महादेवी ने इन संघर्षों को दस्तावेज़ के तौर पर अपने लेखन में दर्ज़ कर रखा है–'नया कवि अपने अनेक वाणी में बोलने वाले नये आलोचक से उतना ही आतंकित है जितना दरबारी कवि, राजा के षड्यन्त्रकारी मन्त्री से हो सकता था।'

दीपशिखा के इन्हीं पन्नों पर अपने सृजन का समूचा रहस्य जैसा खोलती हुई वे हमारे कई सन्देहों का निवारण भी करती हैं–'कवि कोई स्वप्न न देखे ऐसा नियम आलोचक नहीं बना पाया, पर वह कुरूप स्वप्न ही देखे ऐसा नियन्त्रण उसके अधिकार में है। फलतः दण्ड की परिधि से बाहर, अपनी स्वाभाविक प्रवृत्तियों को एक सौन्दर्यलोक में घुमाता रहता है और दण्ड की परिधि में, उन्हें संसार भर की कुत्सित वेशभूषा में उपस्थित कर देता है।' यहीं महादेवी अपने उस समूचे करुणा-आप्लावित गद्य का संकेत वृत्तान्त भी रख देती हैं–'एक कंकाल की रेखाएँ खींचकर वह तीन सौन्दर्य-दृश्य आँक लेता है, एक मज़दूरनी की शव परीक्षा करके वह पाँच रहस्यमय स्नेहगीत गा लेता है और इस प्रकार अपने गिद्ध दृष्टि आलोचक में दृष्टिभ्रम उत्पन्न करता रहता है।'

वादी आलोचना से निपटने के लिए महादेवी की यह रणनीति और आविष्कार क्या सचमुच विलक्षण नहीं है? अपने समय के गिद्ध आलोचकों में दृष्टिभ्रम उत्पन्न करने के लिए ही क्या वे सचमुच रेखाचित्रों की ओर गयीं? क्या हम मान लें कि रहस्यमय स्नेह गीतों के निर्विघ्न गायन के लिए उन्होंने यह रास्ता निकाला? यह भी कि क्या उनका यह विरल गद्य उनकी सहज स्वाभाविक सृजनशीलता की उपज नहीं?

महादेवी को अपने इस कथित सुशिक्षित और सुसभ्य जगत् से कितनी और कैसी गहरी चिढ़ थी, इसका उल्लेख भी उन्होंने उसी हिम्मत के साथ किया है- 'विशाल साहित्यिक परिवार के हर्ष-शोक मेरे अपने हैं, परन्तु उससे बाहर खड़े व्यक्तियों की सुख-दुख-कथा भी मुझे पराई नहीं लगती। अपने सुशिक्षित-सुसंस्कृत विद्यार्थियों से साहित्यालोचन करके मुझे प्रसन्नता होती है, परन्तु अपने मलिन दुर्बल जिज्ञासुओं को वर्णमाला पढ़ाने में भी मुझे कम सुख नहीं मिलता।

'जहाँ तक मेरा प्रश्न है, मैंने उस उपेक्षित संसार में बहुत कुछ भव्य पाया है, अन्यथा सभ्य समाज से इतनी दूरी असह्य हो जाती है।' यह *सभ्य समाज* आख़िर है कौन-सा?

यह जो 'उपेक्षित संसार' है, वह वही है जिसे आज का आलोचक यथार्थवादी लेखन का संसार मानता है। महादेवी का आरोप है कि इसमें सिद्धान्तप्रियता तो खूब है, किन्तु जीवन का स्पर्श बहुत कम। इसलिए वे यह निष्कर्ष लिए बग़ैर चैन नहीं लेतीं कि 'आज की सभी विकृतियों और संकीर्णताओं का एकमात्र उपाय जीवन में घुल-मिल जाना है।' लेकिन इस घुलने-मिलने में संवेदना की जिस बन्धनहीन व्यापकता और दृष्टि की उन्मुक्तता की ज़रूरत है, वह उन सिद्धान्तवादियों के यहाँ कहाँ जो पुराने काव्यशास्त्रवादियों और रीतिवादियों से भी कई गुना अधिक सिकुड़ गये हैं। एक अतिसंवेदनशील मानव सत्ता के रूप में महादेवी इस काव्य-दृष्टि का प्रतिषेध करती हैं। उन तमाम कथित गतिशील वृत्तों का भी जो बेहद रूढ़ और संकीर्ण हैं। उनका कहना है कि चिर उपेक्षित मानव-समष्टि के प्रति अपने कर्तव्य का निर्वाह किसी भी लेखक के लिए तभी सहज सम्भव है जब वह इतने सजीव चित्र खींचे जिससे उसकी उपेक्षा करने वाले उस ओर देखने को विवश हो उठें। दूसरे उन मानवों में इतनी चेतना जाग्रत कर दे कि वे अपना महत्त्व न केवल समझ सकें, बल्कि दूसरों को समझा भी सकें।

महादेवी के इस संश्लिष्ट सर्जक व्यक्तित्व को लेकर हिन्दी आलोचना आज भी एक ख़ास प्रकार के मतिभ्रम में पड़ी हुई है। उसकी बनी बनायी धारणाओं के चलते महादेवी निरन्तर अबूझ होती चली गयी हैं। दूसरी तरफ़ अपने करुणापूरित गद्य में ज़रूरत से कुछ ज़्यादा ही प्रगतिशील भी।

यह अकेले महादेवी जैसों की ही समस्या नहीं है। मुक्तिबोध और शमशेर जैसे कवियों को लेकर भी इस सिद्धान्तवादी आलोचना में आपसी उठा-पटक काफ़ी हैं। अपनी-अपनी समझ की विचारधारात्मक सीमाओं के चलते बेचारे कवियों के व्यक्तित्व कटे-पिटे और लहूलुहान पड़े हैं। दूसरी तरफ़ ऐसे भी बने-बनाये और साफ़-सुथरे कवि अवतरित हो चुके हैं जिनको लेकर यह आलोचना न केवल

ज़रूरत से ज़्यादा सन्तुष्ट वरन् गद्गद भी है। ऐसी आलोचना संक्रमणशील समाज और उसकी जटिल परम्पराओं के साथ कितनी बौद्धिक संगति कर पायेगी कहना कठिन है।

महादेवी ने सम्भवत: ऐसी ही स्थितियों में यह कहना ज़रूरी माना होगा–

'वास्तव में संसार का कोई भी महत्त्वपूर्ण सृजन बहुत स्पष्ट और निरावरण नहीं होता। धरती के अप्रत्यक्ष हृदय में अंकुर की सृष्टि होती है, अन्धकार की गहनता के भीतर से दिन का आविर्भाव होता है और अन्तर की रहस्यमयी प्रेरणा से जीवन को विकास मिलता है, नारी भी स्थूल से सूक्ष्म तक न जाने कितने साधनों से जीवन और जाति के सर्वतोन्मुखी निर्माण में सहायक होती है।'

साबित करने की ज़रूरत नहीं कि कवयित्री के लेखन में यह 'निर्माण' जितना रहस्यपूर्ण है, उतना ही सर्वतोन्मुखी भी। उसे किन्हीं स्थूल गणितीय सैद्धान्तिक कसौटियों पर कसने और जाँचने पर रहस्य की वह चादर फटकर तार-तार भी हो सकती है जिसने उनकी झीनी और गझिन संवेदना की रोशनी को कुहासे और धुन्ध की तरह लपेट रखा है। महादेवी ने ऐसी 'सृष्टि' क्यों की है, इसका संकेत वे कर आई हैं। उनका वह अशेष करुण गद्य, जिसके आधार पर आज उनकी प्रगतिशीलता मापी जा रही है, उसी काव्य-संवेदनाओं का विस्तार और प्रसार है, जिसमें तमाम तरह के बन्धनों में सदियों से एक परिचयहीन स्त्री छटपटा रही है। आश्चर्य है कि आलोचकों को स्त्री की यह ऐतिहासिक कसक और टीस उनकी कविता में बकौल अनामिका 'ब्रह्मज्ञान' ही लग रही है।

ऐसी ही ठस्स और जड़ वैचारिकता के वातावरण में मुक्तिबोध यह सोचा करते थे-काव्य में या एक विशेष कृति में *रोल* की अदायगी का बड़ा प्रमुख स्थान है। लेखक या कवि अपने-अपने मनोवैज्ञानिक रुझान के अनुसार अपने को एक विशेष ढंग से प्रस्तुत करता है। वह ढंग वह खूब निभाता चलता है। वह रोल खूब कामयाब होता है। यह भी कहा जा सकता है कि वह रोल कवि का एक सधा हुआ मनोवैज्ञानिक विक्षेप है। भोक्ता और कलाकार के बीच जो एक आन्तरिक सम्बन्ध है, वहीं इस रोल का सम्बन्ध है। इसीलिए वह एक नक़ाब नहीं है-जैसा कि स्वयंघोषित मार्क्सवादी आलोचक लांछन लगाते हैं। नकाब होती तो वह उतरती भी। कृतिकार अपने को या दुनिया को धोखा देना नहीं चाहता। उसका वह उद्देश्य नहीं है। लेकिन धोखा उत्पन्न हो जाता है। जितना बड़ा धोखा होगा उतना वह बड़ा कलाकार भी माना जायेगा।' मुक्तिबोध आगे लिखते हैं–

'महादेवी वर्मा तो साफ़ कहती हैं कि उनका जीवन दुख-कष्टग्रस्त नहीं रहा हैं। फिर भी उनका काव्य बड़ा है। यह तथ्य इस बात का प्रमाण है कि वह जान-

बूझकर किया गया बनतूपन नहीं है। वह बनतूपन है ही नहीं। वह एक रोल है। उस रोल की अदायगी के पीछे लेखक का अपना एक निजी स्थायी भाव है।' एक साहित्यिक की डायरी, 1960।

यह स्थायी भाव क्या है, इसकी ही चर्चा ऊपर के पृष्ठों में की गयी है।

महादेवी इतनी अबूझ और अगेय तो नहीं हैं

इतने सारे परिमार्जित और उत्कृष्ट गीतों को रचने के बावजूद महादेवी हिन्दी भाषा-समाज के संगीतकारों और गायकों द्वारा शायद ही कभी गाई जाती हों। यहाँ तक कि साहित्यिक गोष्ठियों में भी। आशा भोंसले और उनकी बड़ी बहन लता मंगेशकर ने तमाम कवियों और शायरों को गाया है। आशा ने तो जयशंकर प्रसाद की *कामायनी* से *मैं हृदय की बात रे मन* वाली पंक्तियों को भी बहुत खूबसूरत सांगीतिक व्यंजना दी है। महादेवी फिर भी जाने क्यों रह गयी हैं?

निराला ने तो तरह-तरह के गीत रचे हैं। उनका *वीणा वादिनी वर दे* वाला गीत साहित्यिक और सांस्कृतिक सभाओं के शुभारम्भ में प्रायः गाया जाता है। प्रसाद के तो कई गीत गाये जाते हैं। *हिमाद्रि तुंग श्रृंग से प्रबुद्ध शुद्ध भारती, अरुण यह मधुमय देश हमारा* तथा कभी-कभी *बीती विभावरी जाग री* वाला गीत भी सुनाई दे जाता है। पन्त का *भारत माता ग्रामवासिनी* तो गाया ही जाता है।

इन गाये जाने वाले गीतों की भूमि एक सार्वजनिक उपयोगिता लिए हुए है किसी में पूजाप्रिय हिन्दू मानस की सांस्कृतिक देवी सरस्वती तो किसी में मातृभूमि और स्वतन्त्रता की वन्दना और अगवानी का भाव-सन्देश है। लोक ने अपने परिष्कृत सामाजिक जीवन के उदात्त सपनों के लिए इन्हें अब तक उसी तरह अपना रखा है जिस तरह उसने कबीर आदि सन्तों और तुलसी, मीरा जैसे भक्तों की पदावलियों को अपनी सहज आध्यात्मिक भावनाओं के लिए अंगीकार कर, सहेज रखा है।

यह बहस का विषय हो सकता हैं कि इन भावप्रधान गीतों की भूमि अपने श्रोताओं तक कितनी सम्प्रेषित होती है, किन्तु यह तो तथ्य है कि ये फिर भी लोकप्रिय हैं और गाये जाते हैं।

लोक को लेकर हम पढ़े-लिखों की समझ भी विडम्बनामूलक ही कही जा सकती है। यदि प्रेमचन्द आदि दो-चार सर्जकों की बात छोड़ दें तो अधिकांश की

सहज मान्यता यही है कि जो साक्षर नहीं है, वह सहृदय भी नहीं है। यह बात कितनी पोची है, प्रमाणित करने की ज़रूरत नहीं। विपरीत इसके साक्षर और कथित तौर पर उपाधिधारी समाज ज़रूरत से ज़्यादा बुद्धिवादी और आतंकवादी हो उठा है।

वह जीवन के भाव-तत्त्व को अपेक्षाकृत कम मूल्य देने लगा है। हृदय और बुद्धि के उसके चुनाव पर विचार करें तो वह हृदय (मन) को पीछे फेंकता और बुद्धि को जीवन की सफलताओं का एकमात्र कारगर साधन मान बैठा है। और ये *सफलताएँ* सिवाय स्थूल भौतिक दुनियावी प्राप्तियों के अलावा और कुछ नहीं हैं। शेष लोक को भी यह अपनी संक्रामक सामर्थ्य से यही सन्देश दे रहा है। जिस दिन समूचा लोक-समाज इसकी तरह का हो उठेगा, सहृदयता अथवा रसिकता चिराग़ लेकर ढूँढने पर भी नहीं मिलेगी। तुलनात्मक अध्ययन बता सकेंगे कि लोक-समाज आज भी सहृदयता को अपनी पहचान मानता है और समूची कर्मठता और भोग के बीच उसके अन्यतम मूल्य को स्वीकार करता है।

महादेवी के गीत इस लोक द्वारा भी कहाँ गाये जाते हैं। फ़ैशन भी बस ग़ालिब-मीर आदि शायरों के गाने का बना है या फिर कुछ अन्य चमत्कारिक बयानों वाले गजलकारों का। हाँ, रामचरितमानस को धार्मिक भावनाओं के चलते, तो बच्चन की *मधुशाला* को मानव-मन के भीतर बसी हुई सहज भावात्मक उड़ानों के चलते गाया और सुना जाता है। महादेवी की यह एक बहुत बड़ी दिक्कत है कि वे अपनी भाव प्रक्रिया में अत्यन्त सूक्ष्म और जटिलता की हद तक जटिल और गूढ़ हैं। इससे भी कहीं अधिक यह कि उनमें वैयक्तिकता का उद्वेग सामूहिकता की तुलना में कहीं ज़्यादा है। तुलसी के *स्वान्तः सुखाय* वाले कथन का अत्यन्त रूढ़ और संकीर्ण अर्थ अगर लिया जाये तो महादेवी की कविता को एक सँकरे और रूढ़ अर्थ में स्वान्तः सुखाय कहना ही सर्वथा सटीक होगा।

किन्तु क्या सचमुच यही सच्चाई है? अगर वे यह मानती हैं कि गीत के लिए गेयता अनिवार्य है तो फिर यह गेयता किसके लिए? क्या सिर्फ़ उस मधुरतम आराध्य के लिए जिसके प्रति वे आत्मनिवेदन से भरी हुई हैं? थोड़ी देर के लिए हम अगर प्रसंगान्तर-सा करें और आत्मनिवेदन की विराट गूँज लिए *विनयपत्रिका* के कवि तुलसीदास को याद करें तो इन दोनों आत्मनिवेदनों के स्वभाव और प्रकार में भेद क्या है?

महादेवी ने *दीपशिखा* की भूमिका *चिन्तन के कुछ क्षण में* इसका विचार किया है–'रहस्योपासक का आत्मसमर्पण हृदय की ऐसी आवश्यकता है जिसमें हृदय की सीमा, एक असीमता में अपनी ही अभिव्यक्ति पाती है। और हृदय के

अनेक रागात्मक सम्बन्धों में माधुर्य भावमूलक प्रेम ही उस सामंजस्य तक पहुँच सकता है, जो सब रेखाओं में रंग भर सके, सब रूपों को सजीवता दे सके और आत्मनिवेदक को इष्ट के साथ समता के धरातल पर खड़ा कर सके।' वे आगे भी कहती हैं–'भक्त और उसके इष्ट के बीच में वरदान की स्थिति सम्भव है, जो इष्ट नहीं, इष्ट का अनुग्रह दान कहा जा सकता है। माधुर्य भावमूलक प्रेम में आधार और आधेय का तादात्म्य अपेक्षित है और यह तादात्म्य उपासक ही सहज कर सकता है, उपास्य नहीं। इसी से तन्मय रहस्योपासक के लिए आदान सम्भव नहीं, पर प्रदान या आत्मदान उसका स्वभावगत धर्म है।'

तुलसी के पदों में जिस अनुग्रह की याचना का भाव है, वह महादेवी के यहाँ नहीं। विपरीत इसके उस समता की साधना है, जिससे उनके गीत सबसे अलग जा खड़े होते हैं। सगुणोपासक-बहुल हिन्दू लोक महादेवी के इस नये और ऊँचे काव्य-विवेक से आज तक अपना तालमेल नहीं बिठा सका है तो क्यों? यह भी एक प्रश्न है।

सम्भवत: यह भी एक कारण है कि महादेवी के गीत, गीत से कहीं अधिक वैयक्तिक भाव-भूमि की कविता मान लिए गये हैं और उस लोकमानस की अभिव्यक्ति नहीं करते जो परम्परा से चला आ रहा है।

हम कह सकते हैं कि महादेवी अपने गीतों से इस पारम्परिक लोकमानस को तोड़ती हैं और भारतीय स्त्री के मन को उसकी समूची विविधता और व्यापकता में चित्रित करती हैं। अब तक इस स्त्री की जो छवि रची और बनाई गयी है, उसमें समर्पण का मूल्य सर्वोपरि है। पुरुष हो या पुरुष-स्वरूप वाला ब्रह्म, दोनों की ही सत्ता ऊपर मानी गयी है। महादेवी इस परम्परागत बोध को नामंज़ूर करती हैं और उस अखण्ड और व्यापक चेतन को अपनी सुमधुर भावमूलकता से रंग डालती हैं। उसे वे अपने इतने पास ले आती हैं कि इस समीपता में वह एक रहस्यमय प्रियतम के अलावा और कुछ बचता ही नहीं। बावजूद इसके वे जितना अपने बारे में कहती सुनती हैं, उतना उस प्रियतम के बारे में नहीं जिसे उन्होंने यह रहस्यात्मक छवि दे रखी है। तब क्या हम इसी को उनके गीतों के न गाये जाने का कारण मान लें। पर यह भी तो कोई वाजिब तर्क नहीं, क्योंकि कबीर, नानक, दादू दयाल और रैदास के पद तो गाये जाते हैं। सो भी इन्हीं गायकों द्वारा। फिर महादेवी क्यों उपेक्षित हैं? क्या कोई भी संगीत निर्देशक, गायक महादेवी की उस भावभूमि को छू ही नहीं पाता जो वस्तुत: वहाँ है। क्या कभी कोई बेगम अख़्तर महादेवी के गीतों के गायन के सन्दर्भ में कभी पैदा होगी जिसे सुन और पाकर हम यह कह सकेंगे कि महादेवी ने भाषा के जिन शब्दों को सहेजा था, उन्हें सटीक स्वर अब जाकर मिले हैं। *(ग़ालिब जैसे शायरों को गाने पर बेगम अख़्तर को लेकर यह बात मशहूर शायर फ़िराक़ ने कही थी)*।

आचार्य रामचन्द्र शुक्ल से लेकर आचार्य नन्ददुलारे वाजपेयी तक महादेवी की गीत-कला की बहुत तारीफ़ करते हैं। इनके अनुसार, अन्य तमाम छायावादियों की तुलना में महादेवी अपनी इस कला में उत्कर्ष को छू सकी हैं। शायद वे यह कहना चाह रहे हों कि पद लिखने में जो उत्कृष्टता सूर-तुलसी-मीरा ने प्रदर्शित की, दोहा रचने में बिहारी को जैसी सफलता मिली, ठीक वैसी ही सिद्धि महादेवी ने गीत-रचना में अर्जित की है।

फिर भी महादेवी अपने इन वरिष्ठों और समकालीनों की तरह अगर नहीं गाई जातीं तो उसका कारण शायद उनकी वह *कला* ही होगी, जो उन्हें रहस्यवादी प्रचारित करवाकर उनके विरुद्ध एक ऐसा वातावरण रच देती है जिसे अबूझ समझकर प्राय: लोक की दृष्टि से अनुपयोगी मान लिया जाता है। निश्चय ही यह स्थिति दुर्भाग्यपूर्ण है।

मुझे लगता है, समकालीन स्त्री जीवन के भीतर रचे-बसे गहरे और सूक्ष्म सौन्दर्य-बोध को रेखांकित करने के लिए इन गीतों का गाया जाना ज़रूरी है। इसलिए भी कि इनमें सामान्य व्यवहार-बुद्धि, लोक-निपुणता आदि को एक तरफ़ रख उस सहज कोमल राग की अभिव्यक्ति की गयी है जो भले ही मर्यादावादियों के लिए अपराधपूर्ण हो किन्तु विश्व स्त्री के मन को समझने में हमारी मदद करता है।

स्त्री अपने आसपास की दुनिया को कैसा देखती है और किन-किन रूपों में उसे पाना चाहती है–यह एक बड़ा सवाल है जिसे महादेवी के गीत अभिव्यक्त करते हैं। स्त्री का यह मन कितना विनयी, कितना आत्मचेतस्, कितना हठी, साथ ही कितना आत्मविश्वासी, सर्वव्यापी और सर्वगामी और सर्वकामी भी है। जीवन, उसके सारे उपकरण, साधन और प्रकृति की परिचित, अपरिचित, सामान्य और विरल भंगिमाएँ, कुछ भी तो उसकी पहुँच से बाहर नहीं है। पुरुष की भाँति वह इस जीवन को केवल उपभोग-साधन मानने को तैयार नहीं। उसमें एक रागपूर्ण कृतज्ञता है, न कि स्वभावगत अनुदारता और संकीर्णता।

महादेवी के गीत स्त्री के इसी रागपूर्ण कृतज्ञता के समारोह हैं। वे जीवन को न केवल नये सिरे से अनुभव करते हैं, बल्कि उसकी परिपूर्ण अभिव्यंजना भी वे करते हैं। यह महादेवी ही लिखती हैं–'दीर्घकाल से हमारा बुद्धिजीवी वर्ग जीवन के स्वाभाविक और सजीव स्पर्श से दूर रहने का अभ्यस्त हो चुका है। परिणामत: एक ओर उसका मस्तिष्क विचारों की व्यायामशाला बन जाता है और दूसरी ओर हृदय, निर्जीव चित्रों का संग्रहालय मात्र रह जाता है। आलोचक भी इसी वर्ग का प्रतिनिधि होने के कारण मानसिक पूँजीवाद और जीवन का दारिद्र्य साथ लाए बिना न रह

सका। जीवन की ओर लौटने की पुकार उसकी ओर से नहीं आती, क्योंकि ऐसी पुकार स्वयं उसी के जीवन को विरोधाभास बना देगी। व्यावहारिक धरातल पर भी वह, एक अथक विवादेषणा के अतिरिक्त कोई निश्चित कसौटी नहीं दे सका जिस पर साहित्य और काव्य का खरा-खोटापन विश्वास के साथ परखा जा सके।'

महादेवी अपने विवेचन में उन तमाम विकृतियों और असंगतियों तक भी जाती हैं जिनके चलते मानव-हृदय निरन्तर झुठलाया जाता रहा है। वे बुद्धिवाद पर भी काफ़ी बरसी हैं, साथ ही उस यथार्थवाद पर भी जो सर्जक से उसकी स्वाभाविक प्रेरणाएँ छीन उसे एक प्रदत्त नियमावली के तहत काम करने वाले कारीगरों में तब्दील कर डालता है।

महादेवी के गीत इस कारीगरी के प्रतिवाद बनकर आते हैं। यहाँ सिद्धान्तवादियों को नये सिरे से जैसे चुनौती-सी दी गयी हो और कहा गया हो कि कोई भी सृजन सबसे पहले एक विद्रोह हैं। वह न तो पहले से चले आ रहे का अनुसरण है, स्थापित मान्यताओं की गवाही ही। जड़ता उसका कोई लक्षण हो नहीं सकती। इसलिए वे किशोरता का पक्ष लेती हैं–'किशोरता जीवन का वह वर्षाकाल है जो हर गड्ढे को भरकर धरती को तरल समता देना चाहता है, हर बीज को उगाकर धूल को हरा-भरा कर देने के लिए आतुर हो उठता है। पर वह जड़ों को गहराई देने के लिए नहीं रुकता, तट बनाने को नहीं ठहरता...साधारणत: किशोर अवस्था में स्नेह के स्वप्न कोमल और जीवन के आदर्श सुन्दर ही रहते हैं-उनमें न वासना की उत्कट गन्ध स्वाभाविक है और न विकृत मनोवृत्तियों की पंकिलता।'

महादेवी के गीत वस्तुत: इन्हीं कोमल स्वप्नों के प्रतिबिम्बन हैं। इनमें जीवन की सघन उपस्थिति तो है ही, वह हरा-भरापन भी है, जिसके बिना सब कुछ मरुस्थल जैसा हो सकता है। प्रसाद के *आँसू* से पंक्ति उधार लें तो कह सकते हैं, यहाँ अभिलाषाओं की असंख्य करवटें भी हैं, सुप्त व्यथाओं की अनगिन सिसकियाँ भी। अपने इन गीतों का व्यक्तित्व-बखान करती हुई वे लिखती हैं–'भावों के अनन्त वैभव के साथ ज्ञान की अखण्ड व्यापकता की स्थिति वैसी ही है जैसी कहीं रंगीन, कहीं सितासित, कहीं सघन, कहीं हल्के, कहीं चाँदनी धौत और कहीं अश्रुस्नात बादलों से छाए आकाश' की तरह। तथापि यह सब भावभूमि की परिपूर्णता से फूटा हुआ। राग की चाशनी में लिपटा हुआ। सुख-दुख से सराबोर।

अपने इन गीतों की जन्मकुण्डली बताना भी वे भूलती नहीं–'शैशव ही से मैं गीतों के संस्कार में पली हूँ। माँ की भावभरी गीतांजलियाँ, घर में जन्म, विवाह आदि शुभ अवसरों पर गाई जाने वाली गीत-कथाएँ, परिचारकों के ऋतु, पर्व आदि से सम्बन्ध रखने वाले लोकगीत, कलाविन्दों का ध्वनि संगीत, प्राचीन ज्ञान और

सौन्दर्य द्रष्टाओं के वेद-छन्द, माधुर्य भरे संस्कृत और प्राकृत पद और पिछले अनेक वर्षों में सुने सहज ग्रामगीत सभी के प्रति मेरा स्वाभाविक आकर्षण रहा है...मेरे गीत अध्यात्म के अमूर्त आकाश के नीचे लोकगीतों की धरती पर पले हैं।'

उनके ही अनुसार समस्त गीति परम्परा आत्मानुभूत ज्ञान की उपलब्धि है, गो कि यह सहज नहीं है। सब किसी के लिए सुगम तो कदापि नहीं। महादेवी के लिए अगर यह उपलब्धि सहज सम्भव हो पायी तो कारण वही संस्कार है जिसकी ओर उन्होंने इशारा किया है। महादेवी ने अपने युग के कठिन बौद्धिक जीवन के बावजूद अगर यह अर्जन किया है तो उसका कारण उनका वह बचा हुआ अखण्ड चेतन है जो अविकृत रह सका है। यह कब हृदय से शुरू होकर आत्मा तक की यात्रा करता है, इसे तो उनके गीत ही कह पाते हैं।

उनके इन गीतों में सृष्टि एक विराट वाद्यवृन्द की तरह गूँजती है और आती-जाती ऋतुएँ अपनी शुक्ल श्यामल छवियों में अँधेरे और उजाले का गीत मिलकर गाया करती हैं।

महादेवी गीत के विषय को लेकर कोई सीमा रेखा नहीं बाँधतीं। उनके ही शब्द हैं–'हमारी गीति परम्परा विविधरूपी है। समूचा उठता-गिरता चलता और जब-तब स्थगित होता और रुकता जीवन उसका अपना है।' किन्तु इतना ज़रूर कहती हैं कि 'व्यक्ति की भावभूमि' इसमें निर्णायक भूमिका निभाती है। यानी कि एक ऐसी विकट निजता जिसके बग़ैर गीत इतिहास तो हो सकता है, सृजन नहीं।

यही विकट निजता महादेवी के गीतों की पहचान है।

वे कभी यह मानने को तैयार नहीं हैं कि बग़ैर गेयता के भी गीत हो सकते हैं उनके अनुसार गेयता एक अनिवार्य शर्त है। परिभाषा जैसी करती हुई वे लिखती हैं– 'साधारणत: गीत व्यक्तिगत सीमा में तीव्र सुख-दुखात्मक अनुभूति का वह शब्दरूप है जो अपनी ध्वन्यात्मकता में गेय हो सके।' इसे वे पहले की पंक्तियों में कुछ यों स्पष्ट करती हैं–'पर अनुभूति मात्र गीत नहीं, क्योंकि गेयता तो अभिव्यक्ति सापेक्ष है।' इस अर्थ में वे जिस गीत-कला की उत्कृष्टता की माँग करती हैं, उसे उन्होंने स्वयं भी अर्जित कर लिया है। तभी तो गद्‌गद भाव से आचार्य शुक्ल अपने इतिहास में लिखते हैं–'गीत लिखने में जैसी सफलता महादेवी जी को हुई वैसी और किसी को नहीं। न तो भाषा का ऐसा स्निग्ध और प्रांजल प्रवाह और कहीं मिलता है, न हृदय की ऐसी भावभंगिमा। जगह-जगह ऐसी ढली हुई अनूठी व्यंजना से भरी हुई पदावली मिलती है कि हृदय खिल उठता है।'

महादेवी फिर भी जाने क्यों गाई नहीं जातीं?

महादेवी के काव्य-रूपक और प्रतीक

यह प्रेयसि-प्रियतम का अभिनय है क्या?

यामा के गीतों में महादेवी का मुख्य रूपक प्रिया और प्रियतम का है। महादेवी प्रतिपल इसी से संवाद-मुखर हैं, किन्तु यह उत्कट संवाद एकतरफ़ा है। प्रिया अपने प्रियतम के सघन राग में डूबी हुई, निरन्तर उससे कुछ न कुछ कह रही हैं किन्तु प्रियतम की ख़ामोशी कभी भी टूटती नहीं। महादेवी चाहे जितने सपने देखें, अभिसार की तैयारियाँ करें, सन्देशों का सांकेतिक अनुभव करें और सन्देश भेजने के मूड में रहें, उनका प्रियतम शायद ही कोई प्रतिक्रिया कभी करता हो। प्रत्युत्तर देना तो बहुत बड़ी बात है।

अपने इन गीतों में वे जब-तब भूल से की गयीं या हो गयीं चूकों का उल्लेख करती हैं और अपने को इस तरह प्रस्तुत करती हैं कि प्रिय की अनुकूलता उन्हें मिल जाये। यह उन्हें कभी मिल पाती है, इसका कोई उदाहरण नहीं मिलता। फिर भी वे हार नहीं मानतीं। उसे बाँधने और वश में कर लेने की अपनी कोशिशों में फिर भी वे कभी थकती नहीं–

प्रिय मेरा निशीथ-नीरवता में आता चुपचाप,
मेरे निमिषों से भी नीरव है उसकी पदचाप;
सुभग! यह पल घड़ियाँ अनमोल
हठीले हौले हौले बोल!
वह सपना बन बन आता जागृति में जाता लौट;
मेरे श्रवण आज बैठे हैं इन पलकों की ओट;
व्यर्थ मत कानों में मधु घोल!
हठीले हौले हौले बोल!
भर पावे तो स्वर लहरी में भर वह करुण हिलोर;

मेरा उर तज वह छिपने का ठौर न ढूँढ़े भोर;
उसे बाँधूं फिर पलकें खोल!
हठीले हौले हौले बोल!
मुखर पिक हौले बोल! [(नीरजा) यामा, पृष्ठ 151]

महादेवी की यह कल्पना हमें सूरदास जैसे कवियों के पदों के करीब ले जाकर खड़ा कर देती है। वहाँ कोकिल भी है और पपीहा भी। सन्देश भी है। उत्कट वेदना और आक्रामक उलाहने भी हैं। सन्देशवाहक ऊधो के बहाने ही सही परोक्ष में प्रियतम तो है ही। महादेवी के यहाँ इस तरह का सन्देश अगर कभी लाते भी हैं तो वे भौंरे या ऊद्धव नहीं, बादल हैं। यह अलग बात है कि बादल भी होते तो-भौंरों या ऊद्धव की तरह-साँवले ही हैं। महादेवी की व्याकुलता का समारोह यहाँ देखने लायक है–

रोया चातक,
सकुचाया पिक;
मत मयूरों ने सूने में
झड़ियों का दुहराया नर्तन
लाए कौन सन्देश नये घन!
सुख दुख से भर
आया लघु उर,
मोती से उजले जलकण से
छाये मेरे विस्मित लोचन!
लाए कौन सन्देश नये घन!

अनुभावों का ऐसा सजीव चित्रण, साथ ही प्रकृति का ऐसा सूक्ष्म सांकेतिक प्रतिबिम्बन अनुभव कर कह उठने का मन होता है कि वे किस तरह एक जानी-पहचानी काव्य-परम्परा का अभिनवीकरण कर रही हैं। चातक, कोकिल, मयूर, झड़ियों वाली बरसात और सन्देशे कोई पहली बार यहाँ नहीं आये हैं, किन्तु उनका संयोजन और प्रतिबिम्बन बिल्कुल नया है। आचार्यों की भाषा में कहें तो पुनः पुनः भावानुसन्धान। अंग्रेज़ी साहित्य चिन्तक इलियट के सहारे से कहें तो परम्परा का अभिनवीकरण।

महादेवी इस रूप में कथित तौर पर नया कुछ नहीं कहतीं, बल्कि कहे जा चुके और लगभग बासी से पड़ चुके को नयी ताजगी प्रदान करती हैं। निश्चय, ही वे

निराला नहीं हैं। यहाँ तक कि पन्त भी नहीं। प्रसाद होना तो ख़ैर बड़ी बात है, किन्तु महादेवी तो वे हैं। परम्परा के आँगन में खड़ी होकर वे उसके समूचे वातावरण को तरोताजा कर सकने की सामर्थ्य यहाँ प्रदर्शित करती हैं। यह किसी भी कवि-प्रतिभा के लिए एक चुनौती भरा काम है। और महादेवी यह बखूबी करती हैं।

प्रिया और प्रियतम का यह रूपक भी नया कहाँ है? सूफियों के यहाँ भी है। कबीर के यहाँ भी। मीरा के यहाँ तो यह है ही। फिर महादेवी के इस रूपक की विशिष्टता क्या है? सूफियों के यहाँ जो लोकानुभूति से होकर लोकोत्तर अनुभूति तक जाता है और कबीर के यहाँ तो वह सीधे-सीधे दैवी दाम्पत्य में ही रूपान्तरित हो उठता है। मीरा के यहाँ भी चूँकि सीधे-सीधे कृष्ण हैं, मीरा उन्हें अपना सखा ही नहीं, अपना स्वामी भी मानतीं और घोषित करती हैं। महादेवी की कविता उसे मधुरतम प्रियतम के रूप में चित्रित करती है।

यह भी कि इन साधक कवियों का काव्य इनकी साधना से दमकता रहता है। वे बहुत अधिक कला कुशल यों भी नहीं कहे जा सकते, किन्तु उनकी अनुभव-प्रवणता और प्रखरता तो असाधारण है। महादेवी के यहाँ अनुभवों की इस प्रखरता के बदले अनुभवों की पुनसृष्टियाँ हैं। वे आविष्कार नहीं करतीं। जो आविष्कृत है, उसे नया चेहरा-मोहरा दे देती हैं। मसलन, सूर आदि में जो बीन *(वीणा)* है, वह वैसी नहीं है जैसी महादेवी के यहाँ मिलती है। जायसी में भी बीन है–

गहै बीन मकु रैनि बिहाई। ससि बाहन तहँ रहे ओनाई

सूर के यहाँ वह इस प्रकार है-

दूर करहु बीना कर धरिबो
मोहे मृग नहीं रथ हाँक्यो, नाहि न होत चन्द को ढरिबो।

आचार्य शुक्ल की टीका है–'राधा मन बहलाने के लिए किसी प्रकार रात बिताने के लिए, वीणा लेकर बैठी, उसी वीणा या वेणु के स्वर से मोहित होकर चन्द्रमा के रथ का हिरण अड़ गया और चन्द्रमा के रुक जाने से रात और भी बढ़ गयी।' जायसी की जो दूसरी चौपाई शुक्ल जी ने उद्धृत की है वह यों है–

पुनि धनि सिंह उरे है लागे/ऐसेहि बिधा रैनि सब जागे। जायसी की इस कल्पना को सूर से पहले की मानते हुए शुक्ल जी का कथन है–'उक्ति सूर और जायसी दोनों से पुरानी है। दोनों ने स्वतन्त्र रूप में इसे कवि परम्परा द्वारा प्राप्त किया।'

महादेवी के यहाँ जो वीणा है वह कुछ और है। वह विश्ववीणा का लघु संस्करण है–

नहीं अब गाया जाता देव
थकी अँगुली, हैं ढीले तार,
विश्ववीणा में अपनी आज
मिला लो यह अस्फुट झंकार!

यह स्पष्टतः जीवन-प्रतीक बनकर आयी है। कवयित्री ने अपनी भावना-शक्ति से उसकी पुनसृष्टि की है। कहिए तो पुनर्भावन किया है।

पुनर्भावन की यह कला किसी भी कवि-प्रतिभा के लिए ज़रूरी है। राम कथा तो अपनी जगह है, किन्तु उसे जैसा वाल्मीकि कहते हैं, तुलसी नहीं। मैथिलीशरण गुप्त के राम, निराला की 'राम की शक्ति पूजा' के राम नहीं हैं।

महादेवी के यहाँ पुनर्भावन की यह शक्ति असाधारण है। वे चाहे उपमा लें या रूपक उनकी कल्पनाशक्ति हमें कदम-कदम पर नया साक्षात्कार कराती है। और यहाँ यह जितनी सुविन्यस्त, सुसज्जित और संगीतपरक है उतनी तो महान् छायावादियों के यहाँ भी नहीं। सम्भवतः यही कारण है कि अज्ञेय जैसे उत्कृष्ट काव्य-शिल्पी भी मानते हैं कि 'महादेवी की कविता लगभग निर्दोष' है। लेकिन वे यह कहे बग़ैर भी नहीं रुकते कि निराला की कविताओं में दोष मिल जायेंगे पर जिस ऊँचाई पर वे जहाँ तक पहुँचते हैं, महादेवी कभी नहीं पहुँच पातीं। यह भी उन्हीं का कथन है कि महादेवी को छायावादियों के आत्मसंघर्ष से एक निर्दोष अभिव्यंजना मिल सकी है, किन्तु वैसा व्यक्तित्व नहीं जैसा निराला आदि को मिल सका है। उन्हीं अज्ञेय के शब्द हैं– 'ये निराला रोज़ बढ़ई की तरह ठोक-पीटकर भाषा बनाते भी रहे हैं, और उस भाषा से फिर रचना भी करते रहे हैं; हम लोगों को उन्होंने एक भाषा दी जिसमें कि हमारा व्यक्तित्व बोल सकता था। यह लड़ाई हमें नहीं लड़नी पड़ी।' महादेवी को भी एक हद तक यह नहीं ही लड़नी पड़ी। इसीलिए उनकी भाषा में एक जादुई आकर्षण तो है, पर मुठभेड़परक रोमांच लगभग नहीं के बराबर। इस दृष्टि से महोदवी एक ऐसी काव्य-भाषा का प्रयोग करती हैं जो महत प्रतिभाओं के प्रयोग से निखार पा चुकी है। निश्चय ही इसमें भक्तों और सन्तों से लेकर छायावादियों तक का गहरा योगदान है। लेकिन इससे जो दूसरी समस्या पैदा होती है, वह यह कि लोक की जो जीवन्तता पूर्वज कवियों के शब्दों में मुखरित है, वह यहाँ बेहद परिष्कृत होकर निजी थाती में बदल चुकी है। महादेवी के शब्दों का सारा कारोबार

एक सर्वथा निजी कारोबार-सा लगने लगा है। उनकी अभिव्यक्तियाँ इतनी बारीक और उनके कथ्य-संकेत इतने सांकेतिक हैं कि भाषा को भी कहीं-कहीं अपना सम्प्रेषण-धर्म भूलने-सा लग जाता है। या यों कहें कि वह अपनी सहज सम्प्रेषणीयता को भुलाकर अभिव्यक्ति मात्र बचती है।

यह एक ऐसी अभिव्यक्ति है जो अपने भावोद्वेग में पाठकों को ऐसी सृजनात्मक तन्द्रा में उठा ले जाती हैं जहाँ सचेत जागरण बेमानी-सा लगता है। कविता का मादक छन्द-संगीत, उसकी तरल और बारीक लय, स्निग्ध गति, इन्द्रधनुषी कल्पनाओं का साँझ के आकाश में विषाद-सा आर-पार फैलकर उड़ते हुए पंछियों की तरह व्याप जाना, ऐसे सम्मोहन की सृष्टि करता है जो इतनी सारी करुणा और विषाद के बावजूद हमारी चेतना में तीव्रतम आकर्षण और सघन प्रभाव पैदा करता है।

यह आकर्षण जितना शब्दों में छिपे हुए संगीत का है, उतना ही उस अर्थ-संगीत का भी जो अनुभवों के कुहासों में लिपटा हुआ है। महादेवी इस कला की अधिष्ठात्री देवी जैसी लगती हैं। लौकिक को अलौकिक संस्पर्श और लोकोत्तर को ज़मीनी चेहरा देती हुई वे जो काव्य-क्रीड़ा करती हैं, वह भी कुछ कम रोमांचक नहीं है।

यह एक ऐसा वातावरण है जहाँ शब्द स्मृतियों, सपनों, सघन अभिलाषाओं और सूक्ष्म साधों में डूबे हुए हैं। यह नहीं भूलना चाहिए कि महादेवी अन्ततः स्त्री हैं। स्त्री का एक भरा-पूरा मन अपनी समग्र चेतना के साथ यहाँ ऐतिहासिक अँगड़ाइयाँ ले रहा है। खड़ी बोली की हिन्दी कविता में, स्त्री का यह सहज आदिम मन जिन सहारों के सहारे अपने को व्यक्त करने की पहल कर रहा है, वे सहारे जाने-पहचाने किन्तु उनका आशय अजाना है। महादेवी के अनुभवों को लेकर हम चाहें तो भरोसा करें, चाहे अनुमान लगाते रहें, किन्तु उनकी कल्पनाओं का संसार तो हमें बेहद भरोसेमंद और ठोस लगता है। इसका एक कारण यह भी है कि हम परम्परागत रूप से श्रृंगार काव्य में संस्कारित और दीक्षित हैं। हमारी स्मृतियों में कालिदास भी हैं, सूर, बिहारी और घनानन्द आदि भी। हमारे लिए यह कोई अपूर्व काव्यराग नहीं है, बल्कि कुछेक रूपों में जाना-पहचाना है। तथापि यह राग ऊपरी तौर पर भले ही रीतिवादियों का लगे, किन्तु हमारी स्थूल चेतना के सोपानों को कदम दर कदम पार करता हुआ यह हमें जिस अतिक्रामक स्वप्न-लोक में ले जाकर खड़ा करता है, वहाँ तो कोई भी रीतिवादी कभी जाना नहीं चाहेगा। यहाँ केवल प्रेमिका और उसका प्रिय या फिर नायक-नायिका नहीं, एक समूची रागमयी क्रियाशील और मोहाविष्ट सृष्टि स्वयं जैसे आत्मसाक्षात्कार पर उतारू हो उठी है। मानव-मन की असंख्य उड़ानें, धड़कती ज़िन्दगियों की तरह यहाँ जिस तरह रूप और आकार ग्रहण करती हैं, वह

दृश्य ठीक उस तरंगाकुल आन्दोलित समुद्र की असंख्य लहरों जैसा है जिनका कोई प्रतिरूप नहीं। प्रत्येक तरंग स्वाधीन, मौलिक और स्वयं प्रस्फुटित है। एक समूचा भाव-व्यापार लोक, एक जीवन्त, सचेत सभ्यता यहाँ कल्पना के नये-नये पंखों को धारण कर उड़ान भर रही होती है। सम्भव है, ये हमारी अपनी कल्पनाएँ न हों, पर इनसे गुज़रते हुए हम यथार्थ और वास्तविकता की जिन जटिल और उलझनपूर्ण गुत्थियों का सामना करते हैं, उससे हमारे भीतर एक और संसार खुलता, चमत्कृत होता और विस्मयों के चलते स्वत: विभोर होता चलता है। यहाँ हम एक ऐसा जीवन संगीत सुन पाते हैं, जो हमारे भीतर रचा-बसा रहकर भी हमें कभी सुनाई नहीं देता। महादेवी की कविता इस संगीत को सुनने में हमारी मदद करती है।

महादेवी ने इस संगीत को दो-दो विश्वयुद्धों के बीच जिस कठिन साधना के बल पर रचा है, उसमें अकेले उन्हीं का योगदान नहीं है। रवीन्द्रनाथ का भी है और महात्मा गांधी का भी। यहाँ तक कि उन हिंसक महायुद्धों का भी जिन्होंने दुनिया के ध्वंस का सपना देखना शुरू किया था। महादेवी ने उस सपने के विपरीत अपनी एक कविता में ऐसा सपना देखा जो नाश वाले सपने के ठीक विपरीत निर्माण का सपना है। याद करें, यह उन्हीं की पंक्ति है–'दृढ़व्रती, निर्माण उन्मद, यह अमरता, नापते पद' आदि-आदि। उनका यह गीत भी सहसा स्मृति में कौंध उठता है–'चिर सजग, आँखें उनींदी आज कैसा व्यस्त बाना, जाग तुझको दूर जाना।' यह पास का नहीं, दूर का सपना है। महादेवी इस सपने के बारे में अकेली नहीं सोच रही थीं। *प्रेम पथिक (प्रसाद)* का कवि भी उस सीमा तक पहुँचना चाहता था जिसके आगे कोई राह न बची हो। इन गीतों में बार-बार उसी राह की ओर संकेत है, उसी उदात्त लोक की माँग हैं।

जिस रहस्यवाद को लेकर आचार्य शुक्ल बहुत चिन्तित हो उठे थे, महादेवी ने उसे लौकिक सुगन्धों से भर डाला है। यह जीवन से पलायन की शिक्षा नहीं, बल्कि उससे प्यार करने की कला सिखाता है। महादेवी बार-बार कल्पनाओं के आकाश में उड़ान भरती हुईं ज़मीन पर लौटतीं और जीवन की ख़ूबसूरती का एहसास हमें कराती हैं। जीवन का यह आकुल राग, विह्वलताकारी मदिर और मधुर है। ऐसा लगता है जैसे यहाँ न तो रोग-शोक है, न बुढ़ापा और मौत। बस जीवन ही जीवन का एक रंगारंग समारोह चल रहा है। यह महादेवी ही तो हैं जो कहती हैं-

सुख दुख की मरकत-प्याली से
मधु-अतीत कर पान,
मादकता की आभा से छा

लेती तम के प्राण;
इन्द्रधनुष के रंगों से भर
धुँधले चित्र अपार,
देती रहती चिर रहस्यमय
भावों को आकार!

महादेवी की खूबसूरती अगर कुछ है तो यही है। उनकी कविता जैसे इन्द्रधनुषी छटा वाली समूची सृष्टि की जीवन्त परछाईं है। उनका प्रियतम भी इसी परछाईं में शामिल है। इसलिए उसकी ख़ामोशी कोई मायने नहीं रखती। विपरीत इसके वह यहाँ अधिक उत्तेजक और रंगीन हो उठी है।

महादेवी की कविताओं में एक स्थिति ऐसी आती है जहाँ वे इस परछाईं को एक सघन अन्तरंगता में बदल डालती हैं। इस मनोदशा में पहुँचकर प्रिया-प्रियतम का रूपक भी उन्हें बेमानी-सा लगने लगता है और वे इस रूपक से बाहर निकलने की तैयारी में लग जाती हैं–

चित्रित तू मैं हूँ रेखा-क्रम,
मधुर राग तू मैं स्वर-संगम,
तू असीम मैं सीमा का भ्रम,
काया छाया में रहस्यमय।
प्रेयसी-प्रियतम का अभिनय क्या।
तुम मुझमें प्रिय! फिर परिचय क्या!

यही वह जगह है जहाँ से वे एक नया प्रस्थान लेती हैं और रूपकों के संसार से निकलकर उस प्रतीक तक जा पहुँचती हैं जो कुछ कम पुराना नहीं है। *दीपशिखा* की कविताएँ यहीं से अपनी शुरुआत लेती हैं। हम इसे उनके अंत:संघर्ष का समापन और निर्वात मनोचेतना की भूमि का काव्य भी चाहें तो कह सकते हैं। यहाँ महादेवी समस्त अन्तर्द्वन्द्वों और दुविधाओं को पार कर खड़ी हैं। उस खाई को पाटकर भी जो *नीहार* से *सांध्यगीत* तक है। *सांध्यगीत* के बाद रात्रि गीत का गाया जाना अस्वाभाविक भी कहाँ? पर इस गीत की गायिका का नाम हैं–दीपशिखा।

कहने और बताने की ज़रूरत नहीं यह दीपशिखा कौन है?

सबकी अर्चित कथा इसी लौ में पलने दो

यामा की तरह *दीपशिखा* में भी वे फिर एक गम्भीर और लम्बी भूमिका लिखती हैं। यहाँ वे एक बार फिर भारतीय कविता के स्वभाव, रहस्यवाद, बुद्धिवाद,

यथार्थवाद आदि का प्रश्न उठाती हैं। यथार्थवाद के वाचाल सिद्धान्तवादियों को उनकी औपचारिक संवेदना की सीमाएँ निरूपित करती हुई वे उस संवेदना की चर्चा करती हैं जो किसी भी तरल हृदय की गहराइयों से फूटा करती है। बुद्धिवाद और बीसवीं सदी के ध्वंसोन्मुख युद्धलिप्त यूरोप की छीजती मनुष्यता पर अपनी चिन्ताएँ रेखांकित करती हुई वे उस विराट एकता और अखण्डता के प्रति हमें उन्मुख करती हैं, जिसमें कुछ भी विभाजित और विच्छिन्न नहीं हैं। उनकी यह कविता बुनियादी तौर पर इसी अखण्डता का संगीत है।

महादेवी के इस काव्य संगीत को हम *यामा* के प्रत्येक गीत में महसूस कर सकते हैं। समूची प्रकृति उनके संवेगों में रंगी हुई है–

पुलक पुलक उर, सिहर सिहर तन,
आज नयन आते क्यों भर भर?
सकुच सलज खिलती शेफाली,
अलस मौलश्री डाली डाली,
बुनते नव प्रवाल कुंजों में;
रजत-श्याम तारों से जाली,
शिथिल मधु-पवन, गिन-गिन मधु-कण
हरसिंगार झरते हैं झर झर!
आज नयन आते क्यों भर भर?

जीवन और प्रकृति के इस सम्मोह राग का विषाद-संगीत वस्तुत: उसी हिंस्र सभ्यता का प्रतिवादी संगीत है जो विश्वयुद्धों के सघन अन्धकार में ख़ूबसूरत अभिलाषाओं के सपने लेकर आता है। *दीपशिखा* की भूमिका *चिन्तन के कुछ क्षण* में वे इस ओर भरपूर इशारे करती हैं।

यहाँ जो झंझावातों का जिक्र है, आँधियों के चित्र हैं, तूफ़ानी रातों के संकेत हैं, वे उसी सभ्यता की ओर इशारे करते हैं जिसके चलते सृष्टि का वर्तमान ही नहीं, भविष्य भी अन्धकारमय हो उठा है। वे जब लिखती हैं–'झंझा है दिग्भ्रान्त, रात की मूर्च्छा गहरी', तब यह कोई अलौकिक झंझा नहीं है, न लोकोत्तर मूर्च्छा ही। इसका स्पष्ट ऐतिहासिक, राजनीतिक और वैज्ञानिक सन्दर्भ भी है। याद करें तो इन्हीं समयों में प्रसाद *अशोक की चिन्ता* जैसी कविता में 'भुनती वसुधा तपते नग/दुखिया है सारा अग-जग', 'तू बह जा बन करुणा की तरंग', 'जलता है यह जीवन-पतंग' जैसी पंक्तियाँ रचने को विवश थे। जीवन की यह करुण गाथा, उस समय की विश्व कविता की सबसे बड़ी चिन्ता बनी हुई है। इलियट के वेस्टलैंड से लेकर धर्मवीर भारती के *अन्धायुग* यानी 20वीं शताब्दी के तीसरे दशक से लेकर पाँचवें-छठवें

दशक तक के कवियों को यह चिन्ता घेरे रही है। समूचा यूरोप व्यक्तित्व के दारुण विघटन से होकर गुजरने लगा है। इस पृष्ठभूमि पर महादेवी की कविताओं में चित्रित भयावह अँधेरे को देखने पर उनके काव्य-प्रतीक *दीपक* का सन्दर्भ कुछ अधिक ही तर्कपूर्ण और सुसंगत हो उठता है।

संस्कृतियों के इतिहास में अँधेरे का यह बोध कोई नया नहीं है। यह जितना बाहर का है, उतना ही भीतर का भी। फिर भारतीय दृष्टि बाहर-भीतर को इतना अलग-अलग करके देखने की अभ्यस्त भी कभी नहीं रही है। जो पिण्ड में है, वही ब्रह्माण्ड में, यह जानी-पहचानी सनातन या पारम्परिक जातीय दृष्टि रही है। बाहर का अँधेरा भी भीतर अन्धकार पैदा करता है और भीतर का प्रकाश भी बाहर के अन्धकार को काटता है। अपने एक गीत में वे इस बाहरी अँधेरे का ज़िक्र करती हैं और इसे काटने के लिए वे उस प्रकाश का आवाहन करती हैं, जिसे *दीपक* कहा गया है। वैदिक ऋषियों ने अपनी कालजयी प्रार्थना में तमस से प्रकाश की ओर ले चलने की कामना की है। फिर तो *दीपक* इसी प्रकाश का एक कालजयी प्रतीक बन गया है।

महादेवी इस प्रतीक को उपलब्ध कर चुकने के बाद भी निश्चिन्त होकर बैठ नहीं जातीं। न ही उसे अपनी कोई निजी उपलब्धि मान किसी अहंकार में डूबती-सी दिखाई देती हैं। जिस तरह भाषा में रची गयी कविता, केवल कवि की निजी कमाई नहीं है, बल्कि उसके मार्फ़त व्यक्त भर हुई है, उसी तरह सभ्यता की कोई भी उपलब्धि, वह चाहे वैज्ञानिक हो अथवा आध्यात्मिक, निजी नहीं कही जायेगी। एक पूरी परम्परा की साधना और एक पूरी सभ्यता का आत्म-संघर्ष ही इस प्रस्फुटन और अभिव्यक्ति के मूल में निवास करता रहता है। कवि विशेष को प्रेरित और सृजनशील करने में इस *साधना* और *संघर्ष* का निर्णायक योगदान रहता आया है। फिर भी कोई सर्जक अगर इसे निजी उपलब्धि कहता है तो वह या तो ज़रूरत से ज़्यादा अहंकारी है या फिर दुखद रूप से भोला।

महादेवी का *दीपक* भी परम्परा की इसी सतत साधना और सभ्यता के आत्मसंघर्ष की दुर्लभ उपलब्धि है। इसलिए उसका दायित्व-बोध रेखांकित करती हुई वे कहती हैं–

पथ न भूले, एक पग भी
घर न खोए, लघु विहग भी
स्निग्ध लौ की तूलिका से
आँक सबकी छाँह उज्ज्वल!

दुनिया का कोई एक भी प्राणी, वह मनुष्य हो या विहग, सबके सब इस दीपक की जिम्मेदारी के अन्तर्गत हैं। यहाँ पहुँचकर महादेवी की कविता जिस उदात्त सार्वभौमिकता का स्पर्श करती है, उसे देख कहना ज़रूरी लगता है कि कविता भले ही कवि प्रतिभा की बेजोड़ साधना हो, किन्तु सिद्धि तो वह पूरे जमाने की है।

महादेवी का दीपक-एक निर्वात प्रकाश केन्द्र है। 'जल अकंपित/धुल अचंचल' जैसे बिम्ब इसे साबित करने के लिए पर्याप्त हैं। यहाँ न तो मोह के अँधेरे काम कर पा रहे हैं, न भय के। न अकेलापन डिगा पा रहा है, न दुख की तमाम जानी-पहचानी इबारतें। यह दुखव्रती चेतना से उपजा और तमाम तरह के विध्वंसों के विरुद्ध निर्माण के सपनों के प्रति उन्मद और संकल्पबद्ध है। रोशनी और उम्मीद का यह काव्य संगीत महादेवी के इस प्रतीक में उन तमाम हदों को पार कर गया है, जिनसे अँधेरे जन्म लेते हैं और जीवन-पथ की बाधा बन जाते हैं।

इस कविता की खूबसूरती जितनी 'स्निग्ध लौ की तूलिका से आँक सबकी छाँह उज्ज्वल' जैसी पंक्तियाँ हैं तो वे जटिल और विकट जीवन-सत्य भी जहाँ मोह भी है, विकलता और आँसू भी।

महादेवी शायद ही कभी इस जीवन-यथार्थ की अनदेखी करती हों। यह यथार्थ चाहे औसत और सुपरिचित जीवन का हो या फिर कथित कर्मकाण्डपरक प्रवाह शेष, मूल्यहीन जीवन का, महादेवी की काव्य-दृष्टि इस रूढ़िग्रस्त, प्रवाह-पतित और मूल्यच्युत जीवन की जड़ताओं से भी टकराती है।

कलाओं का एक युगधर्म यह भी है कि वे इन जड़ताओं का सामना और उनसे प्रभावकारी मुठभेड़ करें। मनुष्य की नैसर्गिक और जन्मजात चेतना और उससे पैदा हुई सुख-दुखपरक संवेदना को निरन्तर औपचारिक और मशीनी बनाते हुए मूल जीवन-सत्यों से धीरे-धीरे लगभग खिसकते और इस प्रक्रिया के चलते उनसे अपरिचित होते चले जाना, सभ्यताओं की दुखद कहानी रही है। वे प्राय: अपने उन्हीं नियमों में कैद होकर रह जाती रही हैं जिनकी खोज और निर्माण उन्होंने अपने पहले की जड़ और लगभग मृत हो उठी मर्यादाओं के चलते किया था। किन्तु अपने बनाये इन्हीं कायदे-कानूनों से उनका मोह भाव भी उसी मानव-स्वभाव का हिस्सा है, जो जितना गतिशील और निरासक्त है, उतना ही स्थितिशील और आसक्तिपरक भी। महादेवी अकेली कवयित्री हैं जो कविता के स्तर पर इस जीवन-यथार्थ को रेखांकित करती हैं। उनकी यह अनुभव दृष्टि इसी अर्थ में जितनी काव्यपरक है, उतनी ही दार्शनिक भी। ऐतिहासिक और सांस्कृतिक तो वह है ही।

अकसर ऐसे आलोचक आ खड़े होते हैं जो काव्य और दर्शन यहाँ तक कि विचारधारा की इस सूक्ष्म स्निग्ध-मैत्री को अपनी आग्रहपूर्ण व्याख्याओं के चलते उस अतिवाद तक पहुँचाने का हठ ठान लेते हैं जहाँ काव्य का सौन्दर्य-प्रसार बेमानी और दर्शन का तर्क-प्रसार काव्य-सर्वस्व हो उठता है।

छायावाद के सुमित्रानन्दन पन्त ऐसे ही आलोचकों द्वारा विचलित किये गये। ऐसी ही विचारधारा के दबावों में शमशेर जैसे कवि भी जब-तब अपने बुनियादी काव्य-स्वभाव से भटकते दिखाई पड़े, जिसे लक्ष्य कर हरिशंकर परसाई ने 'बात बोलेगी, हम नहीं, भेद खोलेगी बात ही' के कवि पर टिप्पणी करते हुए कहा कि शमशेर की वे ही कविताएँ सबसे ज़्यादा कमज़ोर हैं जो प्रतिबद्ध होकर लिखी गयी हैं। ख़ुद महादेवी ने ऐसे यान्त्रिक प्रतिबद्धतावादियों का अनुभव करते हुए लिखा है- 'नया कवि अपने अनेक वाणी में बोलने वाले नये आलोचक से उतना ही आतंकित है, जितना दरबारी कवि राजा के षड्यन्त्रकारी मन्त्री से हो सकता था।' इसी प्रसंग में वे यह स्पष्ट करती हैं कि 'आज का गतिशील साहित्य एक वृत्त के भीतर गतिशील है।' इस 'गतिशीलता' का साहसपूर्वक निषेध करती हुई वे लिखती हैं–'आज की सभी विकृतियों और संकीर्णताओं का एकमात्र उपाय जीवन में घुल-मिल जाना है।' उन्हीं का यह विश्वास है कि 'नष्ट करने योग्य वस्तुओं में जीवन की विरूप छाया ही है जो उस दिन स्वयं बदल जायेगी जिस दिन यथार्थदर्शी, सत्य का द्रष्टा होकर जीवन को सौन्दर्य से अभिषिक्त कर देगा।' उनके अनुसार सच्चे कवि का काम जीवन को इसी सौन्दर्य से अभिषिक्त करना है।

फूल-शूल, धूल-धूप, दुख और आँसू के बीच अपनी वेदनाओं का जो विषाद-गीत वे लिखती रही हैं, उससे गुजरते हुए कइयों को लग सकता है कि महादेवी तो जीवन के विषाद की ही सर्जिका हैं। वे यह लक्ष्य कर ही नहीं पाते कि विषाद का यह वातावरण तीव्र एवं सघन इच्छाओं की इन्द्रधनुषी छटाएँ लिए हुए हैं। उन्हें वेदना की सिसकियाँ और मौन चीख का अन्दाज़ तो होता है, किन्तु उमड़न-घुमड़न और उन *सुकुमार सपनों* का, न जाने क्यों नहीं जहाँ कदम-कदम पर जीवन की सुरभिमय साँसें उसकी जिजीविषा की धड़कनों के रूप में बिछी हुई हैं। यह महादेवी ही हैं जो लिखती हैं–

मैं कैसे उलझें इति-अथ में
गति मेरी संसृति है पथ में
बनता है इतिहास मिलन का
प्यास भरे अभिसार अकथ में!

इसी गीत की पंक्ति है-'*अपने तन पर भाता है अलि जाने क्यों शृंगार किसी का!*' उनकी कविता में अगर प्यास भरे अभिसार की अकथ कथा कही गयी है तो उसमें अभिसार-वृत्ति और क्रिया का रंगारंग प्रतिबिम्बन भी उसी ऊर्जा से किया गया है।

इस परिप्रेक्ष्य पर जब हम उनके वर्चस्व-प्रतीक दीपक (दीपशिखा) पर विचार करेंगे तब एक साथ कई काव्यानुभव हमारे अगल-बगल आ खड़े होंगे। एक जगह वे *मोम-सा तन* और *दीप-सा मन* की उपमा लिए हुए आती हैं। एक और जगह वे इसी अनुभव का बयान *धूप-सा तन, दीप सी मैं* जैसी पंक्ति से करती हैं। इसी गीत में वे कहती हैं–

पन्थ में मृदु स्वेद-कण चुन,
छाँह से भर प्राण उन्मन,
तम-जलधि में नेह का मोती
रचूँगी सीप-सी मैं!

अँधेरे के समुद्र में, नेह की कान्ति का मोती रचने वाली सर्जिका है यह कवयित्री। अपनी एक और कविता में इसी प्रकाश बिम्ब को वे कुछ यों रचती हैं–

गर्जन के शंखों से होके,
आने दो झंझा के झोंके,
खोली रुद्ध झरोखे, मन्दिर
के न रहो द्वारों को रोके!

हर झोंके पर प्रणत, इष्ट के धूमिल पग धोता है–

लय-छन्दों में जग बँध जाता,
सिन्त घन-विहग पंख फैलाता,
विद्युत के रथ पर आता दिन
जब मोती की रेणु उड़ाता,

उसकी स्मित का आदि, अन्त आदि इसके पथ का होता है।

महादेवी का यह *पुजारी दीप* जिस *गीत* में अपना चरम उत्कर्ष प्राप्त करता है उसकी मुख-पंक्ति है–*यह मन्दिर का दीप इसे नीरव जलने दो।* कवयित्री का यह गीत उनकी क्रान्तिकारी दृष्टि का घोषणा-पत्र जैसा है। चार बन्धों में रचे गये इस गीत के तीन बन्धों तक तो कर्मकाण्डपरक औपचारिक जीवन-विधान की अर्थहीन सच्चाइयाँ *(?)* उधेड़ी गयी हैं। रजत शंख-घड़ियाल, स्वर्ण वंशी-वीणा स्वर, कल

कण्ठों की भीड़, झर चुके सुमन, बिखरे अक्षत, अपरिमित धूप-अर्घ्य, नैवेद्य आदि का क्रमिक चित्रांकन करती हुई वे जब, पुजारी विश्व की प्रतिध्वनियों के इतिहास पर निगाह डालती हैं तब उनकी अनुभूतियाँ जिस ठिकाने हमें पहुँचाती हैं वहाँ ऐसा जीवन *साँसों की समाधि* भर बचा रहता है। इस पूजा विधान पर तीव्र आक्रामक कटाक्ष करती हुई वे लिखती हैं-'मसि सागर का पन्थ गया बन/रुका मुखर कण-कण का स्पन्दन'। इन पंक्तियों पर पहुँच हम सहज ही इस बोध से भर उठते हैं कि महादेवी गतिशील जीवन चक्र की अनुपस्थिति का अनुभव कर किस कदर विकल और विक्षुब्ध हो उठी हैं। इस रूप में वे उस परम्परा की नयी अनुगूँज बन सुनाई देती हैं, जिसकी कालविषयक अवधारणा चक्राकार है। उनकी कविता इसी गतिशील काल का बोध कराती है। वह यह संकेत भी करती है कि काल की इस गति को समझे बिना गतिशीलता के सौन्दर्य को हृदयंगम करना कठिन है। और काल का मतलब है निरन्तर गतिमान परिवर्तन। चलते ही चले जाना जैसे सृष्टि और उसे धारण करने वाली पृथ्वी चलती जा रही है। प्रकाश और अन्धकार के पल इसी के सहज स्वभाव हैं। मानव-सभ्यता का पुरुषार्थ प्रकाश से ऊर्जा ग्रहण कर अन्धकार के ऐसे ही पलों को उजाले में परावर्तित कर डालता है। यह अन्धकार चाहे इतिहास का हो, धर्म या फिर सभ्यता का। महादेवी इसी गीत में एक यह पंक्ति भी लिखती हैं–'सबकी अर्चित कथा इसी लौ में पलने दो।'

कवयित्री पर अकसर यह टिप्पणी की जाती है कि वे अपने गीतों *(काव्य)* में लोक की व्यापक अनुभूतियों की अभिव्यक्ति नहीं करतीं। यह लोकोन्मुखता तो सिर्फ़ उनके गद्य में ही दिखाई देती है। हिन्दी आलोचना की ये जगजाहिर कवायदें अपनी जगह हैं। महादेवी भले ही अपनी कविता की शुरुआत अत्यन्त निजी और अन्तर्मुख भाव-भूमि से करती हों, किन्तु उनका गन्तव्य और उसका पथ तो कदापि वैयक्तिक और अन्तर्मुखवादी नहीं है। समूची सृष्टि उनके यहाँ साक्षी भाव, या सहेली भाव से मौजूद है। संस्कृति की गहरी गूँजें अनुगूँजें और काल की अद्यतन अनुभूतियाँ भी सांकेतिक भंगिमाओं का वैभव लिए यहाँ हाज़िर हैं। इसलिए यह कहना कि वे या उनकी रहस्यानुभूति लोकविमुख है, तर्कपूर्ण न होगा। *झंझा है दिग्भ्रान्त रात की मूर्च्छा गहरी* में जो सटीक यथार्थानुभूति है, वह जितनी इतिहास की है, उतनी ही उस झंझाग्रस्त समय और जीवन की भी जिसमें यह कविता लिखी जा रही हैं। दिन की जिन हलचलों को लेकर वे उम्मीदों से भरी हैं, वे सिर्फ़ उनकी नहीं हैं, समूचे समय और जमाने की उम्मीदों की हैं।

महादेवी का *दीपक* इस अर्थ में विशिष्ट और अद्वितीय है। इस रूप में उसका जीवन-बोध न तो औपचारिक है, न कर्मकाण्डपरक। वह तो उस मूल्यहीन और जड़ जीवन-प्रक्रिया का निषेध करता हुआ आता है जहाँ शब्द तो हैं पर अर्थ सिरे से नदारद। ऐसे शब्दों से न तो भाषा का कुछ बनता बिगड़ता है, न उस कविता का जो सांस्कृतिक जीवन प्रवाह का प्राण मानी जाती है।

यह महादेवी ही हैं जो *दीपशिखा* की अन्तिम पंक्तियों में बतौर भूमिका लिखती हैं–'दीपशिखा में अविश्वास का कोई कम्पन नहीं है। रात की सघनता को इसकी लौ झेल सके, यह इच्छा तो स्वाभाविक ही रहेगी।'

किसी भी युग की कविता अगर एक चेतनात्मक मुठभेड़ और संघर्ष है तो इसकी गवाही महादेवी की कविता देती है। *दीपशिखा* का दीपक चेतना के इसी हठीले संघर्ष का प्रतीक है। लेकिन इतना ही क्यों, वह तो मानव-मन में बसी उस अप्रतिहत उम्मीद और जिजीविषा का प्रतिगीत भी है जो उनकी कविता के शब्द-शब्द में-सुन सकने वालों को सुनाई देता रहता है।

यह संगीत एक अर्थ में अविराम जीवन प्रवाह का है तो दूसरे अर्थ में उस अनन्तकाल का भी, काव्य और कलाएँ जिसे अपने अनुभवों में निरन्तर महसूस करती और रचती आ रही हैं।

महादेवी के गीतों में अनुभवों की यह धड़कन शब्द-शब्द में सुनी जा सकती है।

व्याख्यान

पीड़ा की दार्शनिक पृष्ठभूमि और महादेवी

इस संगोष्ठी के अध्यक्ष और मेरे मित्र डॉ. प्रभाकर श्रोत्रिय जी, आदरणीय रीतारानी पालीवाल जी, सामने बैठे मेरे मित्रगण डॉ. पालीवाल जी, डॉ. तिवारी जी और इस सभा का संचालन करती हुईं ललिता त्रिपाठी जी! सबसे पहले तो मैं यह स्पष्ट कह दूँ कि चूँकि मैं दर्शन में कोई गहरी पैठ नहीं रखता, इसलिए इस बारे में कहने का कोई हक मुझे मिलता नहीं। अगल-बगल से गुजरने के साथ अगर कोई यह कहे कि मैंने अमुक शहर या अमुक व्यक्ति को देखा है तो यह कोई देखना नहीं माना जायेगा। मैंने अध्यक्ष श्री रमेश दवे को भी–जब मेरे पास यह प्रस्ताव आया था–तब कहा था कि इस शीर्षक से मुझे थोड़ा एतराज है। लेकिन मेरे मित्र और हिन्दी भवन[1] के अध्यक्ष का यह कहना है कि नहीं विषय तो यही ठीक है और इसी पर आपको बोलना चाहिए। तब मैंने तय किया कि विषय कोई भी हो, जो मुझे आता है वही तो बोलूँगा। उसमें पीड़ा वाली बात भी शायद आ जाये।

भारतीय कविता का इतिहास ऐसा तो कहता है कि भारत की समूची कविता एक प्रकार से पीड़ा का ही इतिहास है। *वाल्मीकि रामायण* के बारे में लिखते हुए सम्भवत: विवेकानन्द ने यह कहा है कि-'पूरी की पूरी *रामायण* एक स्त्री की वेदना और उसके आँसुओं का ही इतिहास है और उस स्त्री का नाम है सीता।' महाभारत में भी यह वेदना और पीड़ा द्रौपदी के साथ जुड़ी हुई है। इसलिए पीड़ा और स्त्री, दोनों एक-दूसरे के पर्याय के रूप में माने जाते रहे हैं, और आज स्त्री-विमर्श के समय में भी उसमें बहुत ज़्यादा फर्क़ नहीं पड़ा है। हमारी लोकसभा अभी तक स्त्रियों को लेकर असमंजस में है कि उन्हें प्रतिनिधित्व दिया जाये कि नहीं। गोया कि स्त्रियाँ प्रधानमन्त्री भी हो सकती हैं, हो रही हैं, कलेक्टर, एस.पी. भी हो रही हैं।

---

1. हिन्दी भवन, भोपाल द्वारा आयोजित महादेवी वर्मा शताब्दी समारोह (पावस व्याख्यानमाला 2007) में दिया गया प्रवर्त्तन व्याख्यान।

लेकिन कभी-कभी दिखाने के लिए भी कुछ काम किये जाते हैं। जैसे कि दलितों को काफ़ी आगे किया जाता है, लेकिन जब असली सत्ता की बात आती हैं तो ब्राह्मण वर्चस्व उन पर भी हावी दिखाई देने लग जाता है। उस स्थिति में मेरा कहना है कि कविता को किन-किन तरीकों से हमें देखना चाहिए? वस्तुतः पीड़ा है क्या चीज़? वो केवल एक स्त्री की पीड़ा अगर है, एक लिंग मात्र की पीड़ा है या किसी सामाजिक वातावरण से पैदा हुई कोई अभिशप्त वेदना है जिसे सबसे ज़्यादा भोगने का काम आज तक स्त्री कर रही है–उस स्थिति में अगर आप देखें तो महादेवी भी उससे अलग नहीं हैं। यहाँ तक कि अमृता प्रीतम भी। कोई भी अलग नहीं। कमला दास भी उससे अलग कहाँ हैं। और ये तीन-चार नाम इसलिए मैं ले रहा हूँ जिससे आप अन्दाज़ा लगा सकें कि अपने जमाने की ये ताक़तवर महिलाएँ हैं-जिन्होंने एक सीमा तक अपने व्यक्तित्व को संघर्ष से प्राप्त किया किन्तु उनके यहाँ भी पीड़ा की कोई इंतिहा नहीं है।

लेकिन आज मैं कुछ और सवाल उठाना चाहता हूँ। उसमें से जो पहला मेरे मन में आता है और जिससे आप लोग भी परिचित हैं, वह यह कि जब पूरे छायावाद और उसके क्रान्तिकारी प्रवर्तक प्रसाद और कल यहाँ इसी मंच से कहा गया संयोग से कि महादेवी वर्मा ने छायावाद का प्रवर्तन किया, तो मैं थोड़ा चौंका भी। तो उस स्थिति में मैंने कहा कि यह जो निराला और प्रसाद हैं, और निराला 1928-29 में 'परिमल' की भूमिका में लिख रहे हैं कि-'केवल अब जाति को और भारतीय राष्ट्र को मुक्ति की ज़रूरत नहीं है, हिन्दी कविता को भी है और जब तक वह छन्द के बन्धनों से मुक्त नहीं होगी तब तक हिन्दी कविता मुक्त नहीं होगी।' तब मेरा पहला सवाल यह है कि इस बात को महादेवी ने अपनी समूची सृजनात्मकता में स्वीकार क्यों नहीं किया? मुक्त छन्द की ओर वो कभी क्यों नहीं गयीं, बल्कि गीत के समर्थन में उन्होंने यहाँ तक कहा कि–'समूची भारतीय कविता गीतप्रधान है और गीतप्रधान कविता श्रेष्ठतम कविता है।' यह भी लिखा कि आगे की जो भी कविता होगी, वो गीतप्रधान ही होगी। 'यामा' की भूमिका में इस तरह के उनके वाक्य हैं। शब्द भले ही बदले हुए हों। मेरा सवाल है कि महादेवी वर्मा ने उस कविता की मुक्ति के समर्थन में अपनी सृजनात्मकता का परिचय क्यों नहीं दिया? यह एक बात सवाल के तौर पर मेरे मन में है।

दूसरी यह कि जिस रहस्यवाद के खिलाफ़ पं. रामचन्द्र शुक्ल ने धुआँधार लिखा। एक पूरी की पूरी छोटी-सी पुस्तिका उन्होंने रहस्यवाद के खिलाफ़ लिख दी। महादेवी, जो 1924-25 के आसपास आती हैं। वह उस रहस्यवाद के तरफ़ ही

फिर भी क्यों चलती चली गयीं? इस पर भी विचार करना पड़ेगा। शुक्ल जी के इतने ज़्यादा आक्रामक तेवर के बावजूद महादेवी अन्ततः उसी राह पर क्यों गयीं? यह दूसरी बात है, जो मेरे मन में है। तीसरी बात, जो महादेवी कहती हैं कि–'श्रेष्ठतम कविता और उदात्त कविता भाव विस्फोट नहीं है, भाव संयम है।' तब फिर यह विचार करना पड़ेगा कि निराला और पन्त-ये दोनों जो एक प्रकार से भाव विस्फोट के कवि हैं–महादेवी वर्मा की निगाह में क्या हैं? और ख़ुद महादेवी, जो कि भाव संयम की बात कर रही हैं, वे स्वयं क्या हैं? चौथा सवाल यह है कि महादेवी वर्मा ने गीत को ही अपने कविता का श्रेष्ठतम कहा, आदर्श रूप कहा, आधुनिक कविता का लगभग प्रधान रूप कहा तो गीत की वह परम्परा आज कहाँ है? और जिसे वे कह रही हैं कि गीत ही श्रेष्ठतम है–हिन्दी का समकालीन जो साहित्य है, उसमें आज वो कहाँ है? क्या वह गीत में है? क्या वह गीतिमय है? या वो गीत के रास्ते को छोड़ कहीं और जाकर खड़ा हो गया है। और तो और, अब तो इस जमाने के जो सबसे चर्चित कवि हैं, उनका यह कहना है कि हमारी कविता गद्य के एकदम पास आकर खड़ी हो गयी है। ये कुछ सवाल हैं, जिन पर विचार मैं इसलिए करना चाहता हूँ कि महादेवी वर्मा का होना नये सिरे से यहाँ विचार का कारण बने।

आख़िर क्या कारण है कि महादेवी वर्मा भाव विस्फोट की तरफ़ नहीं गयीं? आप याद करें, निराला क्या लिख रहे हैं–'आज नहीं हैं मुझे और कुछ चाह/अर्ध विकच इस हृदय कमल में आ तू/प्रिये छोड़कर बन्धनमय छन्दों की छोटी राह'–यह निराला हैं। 'सिसकते अस्थिर मानस से/बाल बादल-सा उठकर आज।' ये 'आँसू' के कवि पन्त हैं। उन्हीं की तो पंक्तियाँ हैं–'गरज गगन के गान गरज गम्भीर स्वरों में 'जो घनीभूत पीड़ा थी/मस्तक में स्मृति-सी छाई/दुर्दिन में आँसू बनकर/यह आज बरसने आयी'–ये प्रसाद हैं 'आँसू' काव्य के। उस परिवेश में महादेवी जिस भाव संयम की बात कर रही हैं, उसका कारण तब क्या हो सकता है? कहीं स्त्री होने के नाते महादेवी भाव-संयम की बात तो नहीं कर रही हैं? अगर महादेवी पुरुष होतीं तो क्या वे ये बातें करतीं? तो क्या हम मान लें कि महादेवी की चेतना पर यहाँ से वहाँ तक उनके स्त्री होने की छाप पड़ी हुई है? और भी किसी ने–सम्भवतः हमारी संचालिका ने ही वो पंक्तियाँ उद्धृत कीं–'सूने नभ का कोई कोना/मेरा न कभी अपना होना/परिचय इतना इतिहास यही/उमड़ी कल थी, मिट आज चली।' लेकिन मैं उन्हें और आप सबको याद दिलाना चाहता हूँ कि हिन्दी साहित्य सम्मेलन, प्रयाग ने महादेवी वर्मा का जो प्रतिनिधि संकलन छापा है, उसमें उन्हीं की हस्तलिपि में जो कविता छपी हुई है, वो कोई और है। उसकी तरफ़ सुख-सुविधा में जी रहीं हमारी

बहनों का ध्यान नहीं जाता। वह कविता कुछ यों है–'पन्थ होने दो अपरिचित/प्राण रहने दो अकेला' अब बहुत अच्छा लगता है लोगों कि महादेवी ख़ुद को 'मैं नीर भरी दुख की बदली' कह रही हैं या फिर 'मैं पलकों में पाल रही हूँ यह सपना सुकुमार किसी का/जाने क्यों कहता है कोई/मैं तम की उलझन में खोई/धूम्रमयी वीथी वीथी में मैं लुक-छिप विद्युत-सी रोई/मेरे पग-पग पर बसता जाता सूना संसार किसी का/ मैं पलकों में पाल रही हूँ यह सपना सुकुमार किसी का।' किन्तु इस सूनेपन या अकेलेपन के बावजूद वे चलना बन्द नहीं करतीं कभी।

वही महादेवी लिख रही हैं–'पन्थ होने दो अपरिचित/प्राण रहने दो अकेला'। इतना ही नहीं लिख रही हैं, इसके आगे वे एक और वाक्य लिख रही हैं 'अन्य होंगे चरण हारे'–ये जो सिनटेक्स है, वाक्य-विन्यास है, इस पर जरा ध्यान दीजिए। इसका तेवर क्या है, मूड क्या है, इस पर भी।

कल जब मैं महादेवी के गाये जाते गीतों को सुन रहा था मेरा मन उठकर जाने हुआ। कारण यह कि गीत तो गाये जा रहे थे, लेकिन महादेवी का जो तेवर है वह उनमें से गायब था। सवाल यह है कि गायक का काम क्या है? बेगम अख़्तर ने जब गालिब को गाया तो शायर फ़िराक़ गोरखपुरी ने कहा कि–'जो लफ़्ज सौ साल पहले लिखे गये थे, अब जाकर उन्हें आवाज़ मिली है।' गायक का काम उस मूड, उस तेवर को पकड़ना है, कवि या शायर ने जिसके लिए अपना सारा उद्यम किया है।

महादेवी वर्मा जब कह रही हैं–'अन्य होंगे चरण हारे' तब उसका मतलब यही है कि उनमें से, यानी हारने वालों में से मैं नहीं हूँ। मैं हारने वाले ऐसे पाँवों को लेकर रास्तों पर नहीं चलती। लेकिन पाँव हारता कैसे है? छोटा-मोटा कोई काँटा चुभ जाये, चोट लग जाये, चार-छह लोग उसकी आलोचना करने लगे। लेकिन महादेवी वर्मा जब कहती हैं कि 'अन्य होंगे चरण हारे/लौटते जो राह में/दे शूल को संकल्प सारे' मैं उनमें से नहीं हूँ, तब वे क्या हैं, इसे पहचाना जाना चाहिए। रास्ते में काँटे चुभने लगें और आप आह अल्लाह! आह बाप! आह माँ! करके लौट आयें-महादेवी उनमें से नहीं हैं। 'दृढ़व्रती निर्माण उन्मद यह अमरता नापते पद/मैं लगाती चल रही नित आँसुओं की हाट और 'चिनगारियों का एक मेला' ये दो चीज़ें महादेवी के साथ हैं। आँसुओं का हाट तो मंज़ूर करती हैं, लेकिन जो दूसरी बात कह रही हैं कि वह यह कि मेरे पास सिर्फ़ आँसुओं की हाट ही नहीं हैं, चिनगारियों का मेला भी है।

मेरे दोस्त हुआ करते थे एक शलभ श्रीराम सिंह। उन्होंने एक शे'र लिखा और जब मैं इस पंक्ति को पढ़ता हूँ तो वह मुझे अकसर याद आ जाता है। उन्होंने लिखा– 'ये रही शलभ की फ़ितरत बचपन से अहले आलम/शम्मां को प्यार करना तूफां को

मुँह लगाना।' क्या कोई कर सकता है ऐसा कि उसको शम्मां का जलते रहना भी पसन्द हो और तूफ़ान को मुँह लगे दोस्त की तरह अपने अगल-बगल बिठाना भी। वस्तुतः यहाँ महादेवी कुछ नया नहीं कर रही हैं। उनके करने का ढंग ज़रूर नया है। वस्तुतः कोई भी कवि नया नहीं करता। कवि का काम नया करना है ही नहीं। इसलिए जो नया करने के लिए कविता में आता है उसको विज्ञान में जाना चाहिए। नया तो साइंस करता है। साहित्य का स्वभाव मौलिक होना है।

कल यहाँ बहुत चर्चा हुई। हमारे मित्र तिवारी जी[1] यहाँ बैठे हुए हैं। मैं सोच रहा था कि शायद हमारे तीनों वरिष्ठ विद्वान् कम से कम इतना तो हमें समझाएँगे कि आख़िर विज्ञान में और प्रौद्योगिकी में बेसिक फ़र्क क्या है? क्या प्रौद्योगिकी भी वैश्विक हो सकती है, ग्लोबल हो सकती है? मसलन, जापान में अगर ज़्यादा भूकम्प आते हैं तो जापान के मकानों की जो इंजीनियरिंग है, वो क्या हिंदुस्तान के मकानों की इंजीनियरिंग जैसा ही होगा? अगर यहाँ मलयाचल है, मलयगिरि से चलकर के आने वाली हवाएँ हैं, अगर यहाँ पुरवा और पछुआ हवाएँ हैं तो हमारे मकानों का रंग-ढंग, हमारे होने का, हमारे स्नान करने का, हमारे जीने का ढंग क्या वैसा ही नहीं होगा? पश्चिम सनबाथ (धूप-स्नान) करता है, क्या इसीलिए हम भी सनबाथ करने लगेंगे? या हम पसीने से तर होकर के किसी नदी में नहाने के लिए कूद पड़ेंगे? आख़िर हम क्या करेंगे? क्या प्रौद्योगिकी भी इंटरनेशनल होती है, ग्लोबल होती है? जानने वाले इसे खूब जानते हैं।

और यह बात मैं प्रभात पटनायक जैसे अर्थशास्त्रियों के मार्फ़त कहना चाहता हूँ। 'बी.डी. शर्मा के मार्फ़त कहना चाहता हूँ। इन दोनों ने इस पर काफ़ी लिखा है। इनका कहना है कि विज्ञान वैश्विक हो सकता है, ग्लोबल हो सकता है, प्रौद्योगिकी को तो नेशनल होना पड़ेगा, लोकल होना पड़ेगा।' हमारी प्रौद्योगिकी अलग तरह की हो सकती है। अमेरिकन लोगों की प्रौद्योगिकी अलग तरह की हो सकती है। मैं यह प्रसंगान्तर इसलिए कर रहा हूँ कि यह कहना चाहता हूँ कि कविता नया नहीं करती। इसलिए कविता के बारे में कहा जाता है कि वह मौलिक करती है, नया नहीं। और जब मौलिक करती हैं कविता तो उस मौलिकता में क्या है? वस्तुतः उसको देखने की निगाह–जिसको ग़ालिब ने 'अन्दाजे बयाँ' के जरिए खोला कहते हैं कि है गालिब का अन्दाजे बयाँ और।

महादेवी की पंक्तियों को उद्धृत करते हुए मैंने आपके सामने जो यह बात कही उसका कारण यह था कि कविवर रवीन्द्रनाथ लिख चुके हैं–जोदी तोर डाक सुने

1. विश्वनाथ प्रसाद तिवारी

केउ न आसे एकला चल एकला चल एकला चल रे। उसमें आगे जो चित्र आता है वह यह कि तुम्हारे हाथ में जो मशाल जल रही है अगर कभी बुझ जाये तो क्या तुम लौट जाओगे? रवींद्रनाथ कहते हैं कि तब भी लौटना नहीं। अपनी छाती की पसलियों में से एक को खींचकर मशाल बना आगे बढ़ते जाना। महादेवी ने वहाँ से भी प्रेरणा ग्रहण की होगी। वे अकेले में नहीं लिख रही थीं, और न शून्य में ही जी रही थीं। वो एक पूरे वातावरण में जी रही थीं। बहुत सारे कवि सिर्फ़ अपने लिखने में जीते हैं। उनको अगल-बगल क्या लिखा जा रहा है, इसकी परवाह नहीं रहती। कभी-कभी तो जमाने की भी। और जिनको यह सब नहीं मालूम, वे बेचारे इसकी चिन्ता क्यों करेंगे कि अगल-बगल हो क्या रहा है। ज़्यादातर कवि आजकल इसी तरह के हैं। आत्ममुग्ध और भोले किस्म के लोग, जिन्हें यह नहीं पता है कि जमाने में हो क्या रहा हैं और कविता लिखे चले जा रहे हैं। यह बात अलग है कि फिर भी उनको इस बात का मुगालता है कि जमाने को उनसे अधिक कौन जानता है।

महादेवी ने जब यह कहा कि 'आँसुओं की हाट और चिनगारियों का एक मेला' तब मुझे लगा कि परस्पर विरोधी सच्चाइयाँ, जिसको आचार्य रामचन्द्र शुक्ल कहते थे–'विरुद्धों का सामंजस्य।' यही तो यह शुक्ल जी का खास अपना मुहावरा हैं। आप इसको वाल्मीकि में तलाशें-वज्रादपि कठोरानि मृदूनि कुसुमादपि। राम का व्यक्तित्व कैसा है? वाल्मीकि कहते हैं–वे इतने कठोर हैं–इतने कठोर हैं–इतने कठोर हैं, जितना कठोर वज्र होता है और इतने कोमल हैं–इतने कोमल हैं–इतने कोमल हैं, जितना कोमल कोई फूल हो सकता है।

अब जरा आँसुओं की हाट और 'चिनगारियों का एक मेला' को पूरी परम्परा से जोड़ें। आपको पता चलेगा कि महादेवी जिस परम्परा में काम कर रही हैं, वह केवल हिन्दी की परम्परा नहीं है, वो समूचे भारत की चेतना की जातीय परम्परा है और उस जातीय परम्परा में उनका दर्द कोई अलग दर्द नहीं है। उनका दर्द भी सीता से, द्रौपदी से जुड़ा हुआ दर्द है। इसलिए कुछ लोग एक जमाने में यह कहने लगे थे कि वो मीरा हैं। तब मुझे यह समझ में नहीं आता था कि वे मीरा किस रूप में हो सकती हैं? क्योंकि न उनका मीरा से कोई तालमेल है, न मीरा जैसा उनके पास जीवन है। मीरा जैसा न उनका विद्रोह है, न उनके यहाँ वैसी साफगोई है। महादेवी तो बहुत अवगुंठन में जीती हैं। जितनी साफ़-सफ़ाई से प्रसाद कहते हैं, निराला कह देते हैं, उतनी साफ़-सफ़ाई से महादेवी कहाँ कुछ कहती हैं और शायद कोई भी स्त्री कभी भी नहीं कहेगी। महादेवी भी नहीं करतीं या कहतीं। 'निशा की, धो देता राकेश/चाँदनी में जब अलकें खोल/कली से कहता था मधुमास बता दो/मधु मदिरा का मोल।' इसका सिंटेक्स जो है, इस पर आप जरा विचार करिए।

मैं अपने किशोर काल में जब इस गीत को पढ़ा करता था, तो मुझे ये पकड़ में नहीं आता था कि है क्या। और जानता हूँ, अधिकांश हिन्दी अध्यापकों की पकड़ महादेवी आज भी नहीं आतीं। वो उन्हें ज़रूर पढ़ाते होंगे। विद्यार्थियों को अच्छे अंक मिल जाते होंगे। लेकिन महादेवी को वो कितना पकड़ पा रहे हैं यह अलग सवाल है। क्योंकि महादेवी जो हैं, वो स्त्री की रहस्यभरी आकांक्षाओं का एक पूरा समारोह लेकर अपनी कविता में आती हैं। अब यह अलग बात है कि उन आकांक्षाओं के बिल्कुल ठीक विपरीत सामाजिक यथार्थ है। उन सामाजिक वास्तविकताओं और उनकी आकांक्षाओं के बीच एक टकराहट निरन्तर चल रही है। वैसी स्थिति में महादेवी अगर रहस्यात्मक वाक्यों की तरफ़ न जातीं, ऐसी शैली की तरफ़ न जातीं, तो करतीं क्या? दूसरा कोई चारा तो नहीं था। उस जमाने में जब प्रसाद ने लिखा- 'शशि मुख पर घूँघट डाले/आँचल में दीप छिपाए/जीवन की गोधूली में कौतूहल तुम आये'–तो उस समय के बहुत सारे आलोचकों ने भी मज़ाक उड़ाना शुरू किया कि-अच्छा! इनकी प्रिया भी पुल्लिंगवाची है। सुनते हैं, प्रसाद को जवाब देना पड़ा- 'ऐ मेरे प्रेम बता दे/तू स्त्री है या पुरुष है/ये पूछ रहे हैं दोनों/तू कोमल है या पुरुष है।'

लेकिन फिर भी यह विचार तो करना ही पड़ेगा कि आख़िर प्रसाद ने ऐसी शैली अख्तियार क्यों की? क्यों प्रसाद के 'आँसू' को भी कुछ लोगों ने कहा कि ये कविता तो रहस्यवादी है। यह अलग बात है कि उनके परम मित्र और उनके अत्यन्त निकट रहने वाले उन दिनों के युवा आलोचक नंददुलारे वाजपेयी ने कहा कि–'यह मानवीय विरह का काव्य है।'

वस्तुत: रहस्य कह देने मात्र से रहस्य नहीं हो जाता। और मैं आपको याद दिलाऊँ कि शुक्ल जी ने जो गलतियाँ की हैं, इतिहास में उसमें सबसे बड़ी यह कि उन्होंने छायावाद और रहस्यवाद को एक-दूसरे का पर्याय कह दिया। पालीवाल जी[1] बैठे हैं, ज़रूर इस पर चर्चा करेंगे। और उन्होंने कई जगह ऐसा लिखा है–छायावाद या रहस्यवाद। इसका प्रचण्ड विरोध बौद्धिक स्तर पर नन्ददुलारे वाजपेयी ने किया कि छायावाद रहस्यवाद नहीं है। छायावाद जो है, वह एक प्रकार से समूचे राष्ट्रीय आन्दोलन का काव्यात्मक भाव विस्फोट है। वह केवल रहस्यवाद नहीं हैं। आप बताएँ, 'विधवा' कविता क्या है? 'भिक्षुक' कविता क्या है? 'जागो फिर एक बार' कविता है, 'बादल राग' है–ये सारी कविताएँ हैं? क्या ये कविताएँ रहस्यवादी हैं? ख़ुद पन्त का सारा का सारा प्रकृति काव्य वा रहस्यवादी है? प्रसाद की कविताओं में थोड़ा-बहुत रहस्यवाद है, लेकिन 'आँसू' में तो बिल्कुल ही रहस्यवाद नहीं है।

1. डॉ. कृष्णदत्त पालीवाल, दिल्ली

उस स्थिति में मैं कहना यह चाहता हूँ कि महादेवी जिस पृष्ठभूमि से चलकर आ रही थीं, उस पर विचार करते हुए महादेवी के बारे में नये सिरे से गौर करना पड़ेगा कि वे कौन-सी सामाजिक-राष्ट्रीय परिस्थितियाँ थीं, जिनमें वे उस तरफ़ जा रही थीं? वो एक स्त्री होने के नाते जा रही थीं या वे सचमुच कुछ और करना चाह रही थीं? इसमें मेरा जवाब यह है, जो महादेवी ने 'दीपशिखा' की भूमिका में लिखा है। उन्होंने लिखा, इस समय कई तरह की चीज़ें लिखी जा रही थीं, उसमें एक यथार्थवाद भी लिखा जा रहा था। इसमें मैं आपको याद दिला दूँ कि महादेवी की जो 'यामा' है, वो 24 से लेकर 36 तक की कविताओं का संग्रह है। 1924 से, महादेवी जब 17 साल की थीं, तब वो शुरू करती हैं और जब सन् 36 आया तो कितने साल की वे हुईं–17 दुना 34। 1929 वर्ष में 'यामा' पूरी हो गयी। इसके बाद 'दीपशिखा' आती है, और तब वे अपनी जवानी के शिखर पर हैं। और ऐसी ढेर सारी कविताएँ हैं महादेवी की, जिसमें बार-बार भावनाओं के ज्वार की बात आती है। इसलिए अगर कोई पीड़ा है महादेवी की, तो वह मात्र दार्शनिक पीड़ा नहीं है।

मैं यह कहना चाहता हूँ कि इस पर विचार करें आप लोग कि वह सामाजिक पीड़ा है या दार्शनिक पीड़ा है? और आप क्यों अभी भी हिन्दी के पाठकों को और उदित होती हुई कवयित्रियों को बरगलाकर ये कहना चाहते हैं कि जो तुम्हारी सामाजिक पीड़ा है, उसे तुम दार्शनिक पीड़ा नाम देकर के अलौकिक बना दो। मैं इसका घनघोर विरोध करता हूँ। यह सामाजिक पीड़ा है महादेवी की। इसमें कोई दर्शन-वर्शन नहीं है। हाँ! समाज की पीड़ा का भी कोई दर्शन अगर होता है, तो वह ज़रूर है इसमें। चूँकि दर्शन आर्थिक भी होता है, भौतिक भी होता है और एक बड़ा भारी प्रचण्ड भौतिक दर्शन हमारे पास है मार्क्सवाद का। मेरा परिचय भी इस रूप में दिया गया जैसे कि मैं कोरा और जड़ मार्क्सवादी हूँ, लोहियावादी भी हूँ। वो सब भी मैं हूँ, जिसके होने से मेरा मनुष्य होना बचता है। मैं वो नहीं हूँ कि मैं किसी वाद को पकड़ लूँ और उसे परम सत्य मान लूँ। क्योंकि जब यह संसार, जब यह पृथ्वी क्षण-प्रतिक्षण चल रही है, चल रहे हैं तब मेरे कहीं टिके होने का और जड़ होने का मतलब इस सृष्टि के चक्र से असहमति प्रकट करना और उसके स्वभाव को न समझना ही कहा जायेगा।

मैंने एक बार भवानीप्रसाद मिश्र से पूछा था कि क्या आप गांधीवादी हैं? तो उन्होंने कहा कि–'हाँ, गांधीवादी भी हूँ। लेकिन तुमको एक किस्सा सुनाता हूँ। मैंने कहा जी।' उन्होंने एक किस्सा सुनाया–एक बार बिनोवा से भी पूछा था लोगों ने कि आप गांधीवादी हैं क्या? उनका जवाब था- बेटा मेरा बेटी मेरी, पत्नी मेरी, बैंक

बैलेंस मेरा, और विचार; गांधी और गांधी के बाप का। अगर मैंने इसे अंगीकार किया है तो ये मेरा है।' इसलिए इसमें गांधीवाद और मार्क्सवाद जैसा क्या है? अगर मुझे सामाजिक विषमता दिखाई पड़ रही है और उस सामाजिक विषमता में अन्याय दिखाई पड़ रहा है तब अगर गांधी उसे नहीं सलटा पा रहे हैं तब क्या मैं उन्हें ही पकड़े बैठा रहूँ? इस फॉर्मूले की दवा से बीमारी अच्छी नहीं हो रही है तो उस फॉर्मूले की दवा तक जाने में अपराध क्या है? इसलिए ये जो विचारों की जड़ता है, अन्धपूजा है, यह भी टूटनी चाहिए। साहित्य और मठवादी जीवन में यही भारी फ़र्क है।

तो मैं यह भी आपसे कह रहा हूँ कि महादेवी की जो पीड़ा है, उसकी सारी की सारी पृष्ठभूमि सामाजिक है। क्योंकि इतने खूबसूरत सपने-आज भी मैं पलट रहा था इसलिए कि मैं थोड़ा-बहुत महादेवी को पकड़ा तो मैंने देखा कि-कितनी खूबसूरत पंक्तियाँ हैं उनमें। वहाँ कुंज हैं, मधुमास हैं, तितलियाँ हैं, भौंरे हैं, मेघ हैं, बिजलियाँ हैं और वो सब अभिसार में लिप्त हैं। क्या खूबसूरत ज़िन्दगी रही होगी महादेवी की/ कम से कम मनोचेतना के आधार पर महादेवी का जो साइक्लोजिकल वर्ल्ड था, जो साइक्लोजिकल क्रिएटिव एटमॉस्फेयर था वो कितना खूबसूरत था कि वह बेखटके ब्रजभाषा के अंचलों तक भी चली जाती थीं। वहाँ से वो कुंज को ले आती थीं और जब इससे काम नहीं चलता था तो फारसी काव्य के पास जाकर के वो मधु के साथ हाला और साकी भी ले आती थीं। 'तेरा अधर विचुंबित प्याला/तेरा ही मानस मधुशाला/फिर पूछें क्यों मेरे साकी।' 'देते हो मधुमय विषमय क्या?' जरा इस शब्द पर ध्यान दीजिए, यह भारत का शब्द नहीं है। ये भारत की परम्परा का शब्द नहीं है। आप सोचते होंगे कि महादेवी तो केवल भारत की परम्परा के प्रति बहुत ज़्यादा प्रतिबद्ध थीं। फिर पूछूँ क्यों मेरे साकी देते हो मधुमय विषमय क्या?

इसलिए मैंने कहा कि कोई भी कवि, जब अपने अनुभवों के संसार में पहुँच अभिव्यक्ति की कोशिश करता है तो जिस तरह आकाश में फूल खिलता और पंखुड़ी-पंखुड़ी खुल जाता है—उसी तरह से कवि, जो वह है, पूरी तरह अपने संवेदनाओं के संसार में जाकर फूटता और खिलता है। नहीं खिलेगा तो वह छोटी-मोटी जगहों का—कल जिसकी चर्चा हुई, एकांगिता का कवि होकर रह जायेगा। लेकिन एकांगिता जो है, वो कवि का दर्शन नहीं है। इसलिए अगर महादेवी पीड़ित थीं, तो उस पीड़ा के पीछे उनकी आकांक्षाओं की जो अबाध उड़ान थी, उस पर चतुर्दिक जो पहरे बैठे हुए थे, वहाँ उनकी पीड़ा के कारण थे। नहीं तो कोई कारण नहीं है कि उनकी वेदनानुभूति इतनी सघन और तीव्र होती।

मैं यह भी कहना चाहता हूँ कि महादेवी छायावाद की अकेली कवयित्री हैं जिन्होंने अपनी पूरी कविता में प्रेम को एकमात्र काव्य-विषय बनाया। इस प्रेम को उन्होंने लौकिक पाठशालाओं में सीखा और उसे अलौकिक भूमियों तक ले गयीं। इसलिए उनके यहाँ लौकिक को नकारकर अलौकिक को समझना मुश्किल है। कई बार लोगों से बातचीत करता हूँ और तर्क के आधार पर जब मुझे वे लोग रहस्यवाद, दर्शन और अध्यात्म समझाने लगते हैं, तो मेरा एक ही सवाल रहता है कि कृपा करके आप यह बताएँ कि जहाँ से आप बोल रहे हैं, वो जगह आपके शरीर में कौन-सी है? वो भौतिक है या अभौतिक? मसलन जब आप तर्क कर रहे हैं, तो वह तर्क की जगह कौन-सी है? इसलिए महादेवी ने ठीक कहा कि–'विज्ञान और दर्शन बुद्धि से बुद्धि की यात्रा करते हैं।' इसलिए मोटे तौर पर वह भौतिक है। किन्तु कविता केवल बुद्धि से बुद्धि की यात्रा नहीं करती, कविता जो है वह हृदय से सूक्ष्म हृदय की यात्रा करती है। इसलिए उन्होंने वह तर्क भी किया है जो निराला ने 1928 में काशी हिंदू विश्वविद्यालय में अयोध्या सिंह उपाध्याय 'हरिऔध', जयशंकर प्रसाद, रायकृष्ण दास के समक्ष छायावाद-रहस्यवाद पर बोलते हुए विश्वविद्यालयीन आचार्यों को लेकर किया था। उन्होंने कहा था कि अगर इन्हें हमारा रहस्यवाद समझ में नहीं आता तो इसलिए कि बौद्धिक स्तर पर ये सब लोग तीसरे दर्जे के विद्यार्थी हैं। जिसको समझ में आ गया, जिसने दसवीं की किताब में फॉर्मूला अच्छा पढ़ लिया है, उसको भला क्यों नहीं समझ में आयेगा? प्रश्न चेतना और उसके स्तर का है। कविता इसी चेतना की उपज है। महादेवी भी यही कहती हैं कि आपको कुआँ खोदना समझ में आ गया, वायुयान पर उड़ना समझ में आ गया, सेटेलाइट समझ में आ गया कोशिश करते रहिए, रहस्यानुभूति भी समझ में आ जायेगी। महादेवी का यह कहना है कि स्थूल भौतिक संसार को जीते हुए वह कैसे लोग होंगे, जिनको रहस्य की अनुभूति हो जायेगी। इसलिए, उनका तर्क तो समझ में ओता है कि अगर ये रहस्य अनुभूति की कविता है तो इसका मतलब ये है कि सूक्ष्म अनुभूति की कविता है, और वो सूक्ष्म अनुभूति जहाँ जाकर पहुँचती है, वहाँ पहुँचने की संवेदना सबके पास नहीं है। जिसके पास होगी, उसके लिए कुछ भी रहस्यमय कहाँ है? यह तर्क निराला भी देते हैं।

मैं महादेवी की 'दीपशिखा' का एक गीत याद कर रहा हूँ। बड़ा प्रसिद्ध है। पढ़ा, सुना और उद्धृत भी खूब किया जाता है–'यह मन्दिर का दीप/इसे नीरव जलने दो।' इसमें यह पहला छन्द सुनें–'रजत शंख घड़ियाल स्वर्ण वंशी वीणा स्वर/गये आरती बेला को शत्-शत् लय से भर/जब था कल कण्ठों का मेला/विहँसा उपल

तिमिर था खेला/अब मन्दिर में इष्ट अकेला/इसे अजिर का शून्य गलाने को गलने दो।'–जरा आप देखें कि जो सारा पूजा-पाठ ठाट-बाट से हुआ, घण्टी बजाई गयी, आरती की गयी वह सब कर्मकाण्ड अन्धकारपूर्ण था। क्या व्यंग्य है कविता में? जब था कल कण्ठों का मेला–बड़े सुन्दर गले से आरती गायी जा रही थी, कीर्तन हो रहा था-रजत शंख घड़ियाल-यानी सोने-चाँदी के वाद्य थे, साधारण नहीं। लेकिन मन्दिर का समूचा का समूचा प्रांगण अन्धकार से भरा हुआ था, अविद्या से भरा हुआ था। इसलिए वे सारे लोग जो भौतिक कर्मकाण्ड में जुटे हुए थे और अन्धकार पैदा कर रहे थे और आज भी यही कर रहे हैं–यह 'दीपक' उससे अलग है। महादेवी कहती हैं, इसे अजिर का शून्य गलाने को गलने दो। और 'अजिर' को लेकर महादेवी कैसे इसको सप्लीमेंट करती हैं। अन्तिम टुकड़ा है गीत का 'झंझा है दिग्भ्रान्त-ज़रा' इस पंक्ति को देखें-'रात की मूर्च्छा गहरी-रात भी गहरी मूर्च्छा में चली गयी है जहाँ-झंझा है दिग्भ्रान्त रात की भूर्च्छा गहरी/आज पुजारी बने ज्योति का यह लघु प्रहरी/जब तक लौटे दिन की हलचल/तब तक यह जागेगा प्रतिपल/रेखाओं में भर आभाजल/दूत साँझ का इसे प्रभाती तक चलने दो।' महादेवी किस तरह से अपने समय के स्थूल और सूक्ष्म जीवन के अन्तर को समझने की कोशिश कर रही हैं? और ये कविता जब मैं पढ़ता हूँ तो मुझे लगता है कि भले ही ये उस जमाने में लिखी गयी हो, लेकिन ये कालजयी कविता है। इसलिए कि हमारी मूर्च्छाएँ आज और अधिक सघन होती जा रही हैं/झंझाएँ और अधिक बढ़ रही हैं। हमारे लोगों की चेतना पर आधुनिक भौतिकवादी, घनघोर पदार्थवादी, भोग-व्यापार का निरन्तर कब्जा होता जा रहा है।

कल ये सब बातें काफ़ी कही जा चुकी हैं, इसलिए मैं इन्हें दोहराना नहीं चाहता। लेकिन अभी कल-परसों ही एक लेखक को पढ़ रहा था जिसने लिखा है कि हमारे सपने भी अब मैन्युफैक्चर्ड होकर आ रहे हैं। आपको कैसे जीना चाहिए, कैसे दिखना चाहिए, कैसे देखना चाहिए, कैसे मकान बनाना चाहिए, यहाँ तक कि हमें कैसे खड़ा होना चाहिए। ये सब आपको पहले से ही रेडीमेड परोसा जा रहा बना-बनाया है। तब मेरा पूछना है कि आपको होना भी चाहिए कि नहीं? फिर आप क्या हैं? एक मनुष्य होने के नाते आप सृजनशील बचते हैं या नहीं? अगर सब कुछ टेक्नोलॉजी या प्रौद्योगिकी कर देगी तो फिर आपके होने की ज़रूरत क्या बचती है? संसार तो प्रौद्योगिकी से ही पूरा हो जायेगा। मैं कहना चाहता हूँ कि इसी जगह पर कविता आती और बताती है। कविता आपको झकझोरकर कहती है कि 'हमसे ज़माना ख़ुद है, ज़माने से हम नहीं।' कविता यही बताने की कोशिश करती है। और महादेवी ने एक और कविता में यही बताया, जहाँ उन्होंने लिखा–'चिर सजग आँखें

उनींदी आज कैसे व्यस्त बाना/जाग तुझको दूर जाना'—यह मैं इसलिए कह रहा हूँ कि आप इस पर विचार करें कि महादेवी इस 2007 वाले समय में हमारे किसी काम की बचती हैं कि नहीं?

तो, मैं कहना चाहता हूँ कि इस जमाने में जो सबसे बड़ा संकट है, वो प्रेम का संकट है। क्योंकि हर आदमी दूसरे आदमी को अपने ग्राहक के तौर पर देख रहा है। हर आदमी बाज़ार हो गया है। दुकान हो गया है और दूसरे को एक शिकार या हक के तौर पर देखने लगा है। जबकि प्रेम उत्सर्ग सिखाता है। प्रेम अपने होने को ख़त्म कर दूसरे के होने की खूबसूरती पैदा करता है। अपने को मिटाकर दूसरे को साबित करता है। और आज हम दूसरे के होने को ख़त्म कर अपने होने को साबित करने के लिए युद्ध पर युद्ध करवा रहे हैं। राष्ट्रों का विनाश कर रहे हैं और कह रहे हैं कि हम विकसित सभ्यता के देश हैं। इस सन्दर्भ में महादेवी की कविता को जब हम प्रेम के सन्दर्भ में देखते हैं तो प्रकारांतर से हमें लगता है कि कोई एक ऐसी जगह इस संसार के बचने की अगर है तो वो शायद कविता है और सबसे ज़्यादा प्रेम की कविता में। दूसरी जो बात कहकर मैं अपनी बात समाप्त करूँगा, क्योंकि टाइम ज़्यादा हो गया है—

दूसरी बात जो मैं कहना चाहता हूँ, वो ये कि महादेवी केवल प्रेम की कवयित्री नहीं हैं, वो असीम करुणा की लेखिका भी हैं। और यह भी आप याद रखें कि भले ही श्रृंगार रसराज कहा गया हो, लेकिन रसराज श्रृंगार को जब-जब पराजय का मुँह देखना पड़ा तो करुणा से देखना पड़ा। और ये महादेवी का ही वाक्य है कि परिचय-वरिचय होगा तो प्रेम भी होगा। लेकिन करुणा की व्यापकता तो अपरिचित तक जा पहुँचती है। आज ऐसी स्थितियाँ सामने हैं। हम अपने परिवार के दुख तो दुख समझते हैं, लेकिन पड़ोसी के दुख को हम दुख नहीं मान पाते। इसमें एकमात्र रामबाण का काम अगर कोई काव्य-संवेदन कर सकता है तो वह करुणा है। इसलिए महादेवी ने जब गद्य लिखा तो करुणा की तरफ़ वे गयी। करुणा और प्रेम, महादेवी के ये दो भावक्षेत्र हैं—और याद रखने की ज़रूरत है, यही वाल्मीकि का भी है, कालिदास का भी और भवभूति का भी। मैथिलीशरण गुप्त की 'उर्मिला' में, निराला की 'वह तोड़ती पत्थर', 'विधवा' और 'भिक्षुक' में इसी करुणा का प्रसार है। भारत में जो दो भाव प्रमुख हैं वो करुणा और प्रेम के ही भाव हैं। प्रेमचन्द करुणा के सबसे महान् लेखक हैं। हमारे कुछ बड़े कवि प्रेममय हैं, जो प्रेम का सन्देश देते हैं, उस रूप में वो प्रेम के सन्देशवाहक कवि हैं। कुछ हैं जो करुणा का सन्देश देते हैं। प्रसाद जी भी वस्तुतः प्रेम और करुणा के ही कवि हैं।

मैं कहना यह चाहता हूँ कि परम्परा के जो दो श्रेष्ठतम भावक्षेत्र हैं, महादेवी उनको अपना सृजन क्षेत्र चुनती हैं और उनका एक नया परिपाक तैयार करती हैं उनकी नई अभिव्यंजना करती हैं। इसलिए जब महादेवी पर विचार हो तो केवल रहस्यवाद पर विचार न हो। केवल गीत पर विचार न हो। बल्कि यह शरीर–जो गीत है, अलंकार है, कल्पना है–ये तो शरीर मात्र हैं कविता के। लेकिन कविता केवल भाषा और अलंकार की साधना नहीं है। वह मनुष्य से मनुष्य की आत्मा का सूक्ष्म संवाद है। वह उसे निरन्तर मनुष्य बनाये रखने की जिद लिए चलती है।

आज सवाल ये हैं कि महादेवी को समझने के लिए जिस अतिउन्नत सहृदयता और विदग्धता की ज़रूरत है, जिस मानसिक संस्कार की ज़रूरत है–उस सबका उच्छेदन और विनाश किया जा रहा है। पृथ्वी का, निसर्ग का थोड़ा-बहुत सर्वनाश तो हम कर ही चुके हैं। हमारी उत्तर आधुनिक यात्राएँ अधिक तेज़ी से उसी ओर बढ़ रही हैं। महादेवी की कविताएँ हमें एक दूसरी दिशा की ओर ले जाती हैं जहाँ कोई एक सत्ता और पदार्थ, दूसरी सत्ता और पदार्थ से अलग नहीं है। वे हमें यह बोध कराती हैं कि सबके साथ तुम हो। सब तुम्हारे होने में शामिल हैं। इसलिए आत्मरक्षा में ही सही, सबकी सत्ता का बोध और सबकी रक्षा की चिन्ता तुम्हें होनी चाहिए। कविता इसीलिए सभ्यता के विकास का औजार नहीं है। वह तो सभ्यता की आत्मा की गहन तलाश और रक्षा की साधना है। धन्यवाद।

❑❑